文史哲學集成

楊松年著

王夫之詩論研究

文史哲出版社印行

王夫之詩論研究 / 楊松年著. -- 初版 -- 臺
北市：文史哲，民 105.11 印刷
頁; 21 公分（文史哲學集成；153）
ISBN 978-957-547-359-4（平裝）

851.472

文史哲學集成 153

王夫之詩論研究

著　　者：楊　松　年
出 版 者：文 史 哲 出 版 社
http:// www.lapen.com.tw
e-mail：lapen@ms74.hinet.net
登記證字號：行政院新聞局版臺業字五三三七號
發 行 人：彭　正　雄
發 行 所：文 史 哲 出 版 社
印 刷 者：文 史 哲 出 版 社
臺北市羅斯福路一段七十二巷四號
郵政劃撥帳號：一六一八〇一七五
電話886-2-23511028・傳真886-2-23965656

實價新臺幣 三六〇元

民國七十五年（1986）十月初版

ISBN 978-957-547-359-4　00153

王夫之詩論研究

目次

第三章　王夫之詩觀論析……五九

第一章 緒論

一、中國文學批評的特色

討論與（或）評價文學作家、作品以及文學原理等問題有關的文字，概稱爲「文學批評」。其實，「文學批評」這一詞語，本非中國所有，它出現於中國學術界，約在五四運動以後。在這之前，中國論文談詩的作品，不僅書名篇名，行文用語不曾用到這個詞語，收集有關這類文字篇目的書籍，或附之於「總集類」後，或歸之於「文史類」中，或列之於「小說類」下，也不曾有「文學批評」的類目。「四庫全書總目」開始闢「詩文評」一類專事收集論詩談文的作品，可以說是彙編分類首見有「評」字的，但是也沒有用及「文學批評」。

從現存的中國文學批評作品，可以清楚看到，五四以前的這類著作，多數並不是有意識，而且要求系統性地提出詩文見解。我們只要從這類作品之稱爲「叢話」（如胡仔「苕溪漁隱叢話」），「夜話」（如惠洪「冷齋夜話」），「詩話」（如歐陽修「六一詩話」），「夜語」（如范晞文「對床夜語」），晬語（如沈德潛「說詩晬語」）等等，就可以知道它們乃是作者隨感寫下的文字，零零碎碎地，有若平日的言談。

從一些批評者本身的言說，可以獲知爲什麼這類作品，會出現「片言隻語」的情況。歐陽修「六一詩話」，是目前可以看到的以詩話名書最早的一部，他自述撰寫這部作品的原因，是：

居士退居汝陰，而集以資閑談也。（註一）

集這部作品，竟是供閒談用的。司馬光「續詩話」云：

詩話尙有遺者，歐陽公文章名聲雖不可及，然紀事一也，故敢續之。（註二）

態度也和歐陽氏一樣。雖然也有一些批評者，欲通過詩話，以啓示詩人的寫作，糾正文壇不良習氣，如宋許顗「彥周詩話」云：

詩話者，辨句法、備古今、紀盛德、錄異事、正訛誤也。（註三）

張嘉秀序「詩話總龜」亦云：

夫詩，胡爲者也？宣鬱達情，擷靑登碩者也。夫詩話，胡爲者也？摘英指類，摽理近迷著也（註四）。

但是這類作品，於表達意見時，也一如那些「資閒談」的作品，以摘句敍述、零檢細拾、隨感捉筆的方式寫下。

這些文學批評作品，旣然是在上述的情況寫下，就使得我們硏究它們時，經常會面對下列的問題：

㈠有些作品，在一篇之中，以不多的文字，包含了許許多多文學上的問題，例如曹丕的「典論論文」，陸機的「文賦」卽然。有些作品雖然成書了，但是在談及文學問題時，也仍然是以片言隻語的方式寫下，如胡應麟的「詩藪」卽然。這就使得他們的意見，較之一些有嚴謹系統的作品，更容易爲其所用的文字所掩蔽，而呈現語義含糊的現象。

㈡所用文字，由於下筆時沒有留意必須清楚與具體的表達，因此，也比較一般作品，容易發生用語含義模糊的情形。關於這點，朱東潤「中國文學批評史大綱緒言」就曾指出：

> 讀中國文學批評，尤有當注意者。昔人用語，往往參互；言者既異，人心亦變。同一言文也，或則以爲先王之遺文，或則以爲事出於沉思，功歸乎翰藻之著作。同一言氣也，而曹丕之說，不同於柳冕。乃至論及具體名詞，亦復人各一說，如晚唐之稱，或則上包韓柳元白，或則以爲專指開成以後。逐步換形，所指頓異，自非博於始終之變者，鮮不爲所瞀亂。（註五）

黃兆傑「中國文學批評中之情字」（Ch'ing in Chinese Literary Criticism）亦云：

> 在中國文學批評，許多文學批評用語的缺乏明確意義，是較之於批評者沒認清他們的批評任務的問題，更爲嚴重。（註六）

二、中國文學批評用語所發生之問題

中國文學批評用語所發生的問題，約略地說，有以下數端：

甲、對於所用的主要辭語，不作具體的解釋，或給予清楚的定義式的規定。

任何論文談詩的意見，作者一旦將之寫下，不管其動機是「資閑談」，是「辨訛誤」，或是說明「文之樞紐」，只要不是自言自語，總是希望能達到「傳達」的目的。所謂「傳達」，瑞恰慈（I.A. Richards）說：

> 傳達者的思想，影響被傳達者的思想，後者因此影響而被喚起的經驗，須與前者相似，這才是傳達。（註七）

但是，中國文學批評的寫作，是否合此標準呢？徐亮之「漁洋詩話與神韻說」釋及王士禎所用神韻一詞時說：

> 漁洋創神韻說，夫人而知之矣。唯「神韻」二字，則漁洋本人殊未作任何方面之詮釋。大抵前人論它，類多迷離惝怳之辭，所謂「可意會而不可言傳」，言之者亦唯求人「心知其意」，即已饜足。漁洋此說，自難例外。（註八）

「迷離惝怳」之辭，如果言之者不作清楚的詮釋，只是求讀者「心知其意」，這怎麼能不使讀者各自臆測？怎麼可以準確地喚起讀者產生與他本人相似的經驗呢？而更甚的，這些用語，竟是「言之者」言論中的主要辭語，因此，所引起的問題就更大了。

環觀中國文學批評作品，多數都存在這種問題。「毛詩關雎序」的「志」字，曾經引起後人的紛紛闡釋；曹丕「典論論文」的「氣」字，亦曾引起後世很多不同的意見，劉勰「文心雕龍」中「風骨」

二字的含義，雖然經過多次論辯，至今仍然沒有統一的答案。王瑤看到這點，所以在「中國文學批評與總集」一文中建議說：

還有一點使我們不易從「詩文評」的書籍中把握到作者的文學中心思想的，是歷代的評論家喜歡用一些意義不太確定的形容字樣，例如「風骨」，「神韻」這些詞，而且各家或各時代運用的意義也不完全相同。這種通常的用語概念，必須經過詳細的辨析，才能明瞭它的確切含義。（註九）

乙、即使是同一作者，在同一作品中，用同一辭語，在不同的地方，却含具不同的意義。而作者對這些用語，並不加以辨析，以致讀者難以把握其含義。中國古籍，常有這樣的情形：同一作者，在同一作品的不同地方，用同一辭語，却代表不同的意義。瑞怡慈氏讀「孟子」，就發現上述的情形，所以在「孟子論心」（Mencius on the Mind）一書分析孟子思想時，就曾將書中的幾個主要辭語加以辨析。例如「性」字，他就看到包含下例幾種不同的意義，雖然孟子本人對這些字義，沒有仔細地予以辨析：

(一)「性」是人類所稟有，並爲與動物有歧別者；

(二)「性」是人類所稟具之共同本質，此本質與物和物間的共同本質毫無衝突；

(三)「性」是人類對於食、色、音樂等等之共同態度與反應。（註一〇）

中國文學批評作品也存在同樣的用語含義不確切的情形。黃兆傑釋「毛詩關雎序」中的「情」字，就發現有以下不同的含義：

㈠「情」指人類內在的心靈活動，與「志」字可以替代運用。

㈡「情」指人類自發的情感，通常是「私心」的，與稟具公理意義之「禮義」一詞正好相對。

㈢「情」指合乎道德標準的人類的內在情感。

㈣「情」指事物的實質，與「不眞實」、「外在形體」等意義恰好相對。

㈤「情」指所表達之「內容」。（註一一）

試想：倘若對這些「情」字的語義，不仔細分辨，又怎能準確地了解「毛詩關雎序」的詩見呢？

丙、中國文學批評的用語，多依據常用的學術辭語。這類辭語，前人用時，已不加闡釋，而致意義含糊；批評者再加運用，並且增以己意，就更令意義益爲模糊了。

王夫之在「夕堂永日緒論外編」說：

古者字極簡，秦程邈作隸書，尙止三千字。許愼「說文」，亦不逮今之十之二、三。字簡則取義自廣，統此一字，隨所用自別。……如均一「心」字，有以虛靈知覺而言者，「心之官則思」之類是也；有以所存之志而言者，「先正其心」是也；有以所發之意而言者，「從心所欲」是也；有以函仁義之體，爲人所獨有，異於禽獸而言，「求放心」及「操則存，舍則亡」者是也；有統性情而言者，「四端之心」是也；有「性」爲實體，「心」爲虛用，與「性」分言者，「盡心知性」與張子所云「性不知簡其心」是也。（頁七。「船山遺書」。上海太平洋書店排印本。一九三三。）

又接着說：

隨所指而立義，彼此相襲則言之成章必淫於異端，言之無據而不成章則浮辭充幅而不知其所謂。

（頁七。「船山遺書」。上海太平洋書店排印本。一九三三）

這固然是對前人運用術語，不加闡釋，並且不審原義而亂加發揮之指責，但也反映出後世蹈用前人用語，不加審查，而益以己意，致使辭義愈加含糊的情形。

前人所用的術語，意思已不明確，後人又各自加上自己的意思，發揮運用，如果評詩論文者，再用這一類的術語，究竟是用它的原義呢？後人所加之義呢？還是評論者又再益以他本身的意思呢？這些問題，都是研究中國文學批評者，經常會面對，而且必須詳細給予審辨的。

丁、批評的用語，有時由於運用者追求文字美，行文時講究對偶，致使它與另一辭語列舉，產生意義上的變化，致令語義含糊。

中國文字是方塊字，而且是單音綴的，便於排列對偶。詩文評論者在行文時，常常爲了文字上的美麗，也排列對偶起來。於是問題發生了。倘若所並列的，是意思本不相同的兩個辭語，經過排列或對偶之後，意思不得不轉變爲對立或相同。這轉變還不要緊，要緊的是轉變了的辭義，是不是和對偶的辭語的意思，確實是對立或相同，而再也沒有其他的含義？如果是轉變爲相同的概念，則此概念是和對偶的第一辭語的原意相同？還是和第二辭語的原意相同？還是一起變爲和這兩個辭語的原意都不相同的一個新概念？還是合而兼有這兩個辭語的原意？如果是轉變爲對立的概念，則是第一個辭語的意義不變，而由第二個辭語的意思轉變爲與第一個辭語意思相反的概念？還是第二個辭語的意思不變，而由第一個辭語的意思轉變呢？還是兩個辭語的意思一齊改變？這當中處處都是有問題的。

一些比較明顯的可以說明上述現象的例子，可以在「文心雕龍」一書中找到。儘管這本書曾被喻爲「體大而慮精」的作品，但是由於受到當時文風的影響，劉勰在寫作上也非常注重排比對偶，遂使書中產生不少用語語義含糊的問題。

「明詩篇」云：

> 人稟七情，應物斯感，感物吟志，莫非自然。（註一二）

這裏的「情」字指人類獨稟的情感，此情感與生俱來，不過可以受到外在事物的影響（感），而釀爲詩歌的材料（志）。

「神思篇」云：

> 意翻空而易奇，言徵實而難巧也。是以意授於思，言授於意，密則無迹，疏則千里。（註一三）

「意」字與「言」字對，「意」指言語所表露「內容」。

「神思篇」又云：

> 登山則情滿於山，觀海則意溢於海。（註一四）

這兩句排排對對，當中的「情」字與「意」字，都是指觀山觀海者內心之受到外物影響，而致心物交融的情思活動。（此活動含有濃厚的文學氣味，可以通過詩人或文人的想像，而將山將海染上詩情文思的色彩。）兩字的意思相同。

比較上擧的三個例子，可以看出第一例子的「情」字與第二例子的「意」字，意思本不相同，可是在第三個例子中，這兩個字由於行文的對偶排比的關係，就轉爲代表一個相同的新的概念了。

由上擧的例子，我們還比較容易看到所用辭語的意思及其轉變的痕迹，可是，在有些地方，就不太容易辨析辭語的意思了。

「文心雕龍情采篇」云：

情者，文之經；辭者，理之緯。（註一五）

這裏的「情」字與「辭」字對，「辭」指文章的形式，「情」指文章的內容，那是沒有太大的問題的，不過，倘若我們進一層探究，此寓內容之意的「情」字，與前面所擧的「神思篇」中與「言」字相對的「意」字的含義，是否同一呢？「意」字常用以喻思慮活動，「情」字多指情感，劉勰以「情」字和「意」字同指文章的內容，是否有意以「意」字代表詩文中偏於思想部分的內容，而以「情」字代表偏於情感部分的內容呢？這一切，「文心雕龍」書中都沒有清楚的說明，這樣的用字，自然會造成傳達上的缺點的。

三、王夫之詩論用語所發生之問題

中國文學評論所發生之問題也出現於王夫之詩論。在論評之系統上，王夫之依然不能脫離前人，如「詩繹」與「夕堂永日緒論內編」依然是以片言段語之方式，寫下作者的意見，不離「詩話」之格式，所以丁福保編「清詩話」，就將此二者合稱爲「薑齋詩話」，置於清詩話四十三種之最前面。「古詩評選」、「唐詩評選」、「明詩評選」中之意見更爲零碎，有時只用一字或二字評述一篇詩作。這些評論，是王氏讀詩時，心有所感，隨筆寫下的。曾載陽曾經說及王氏寫這些詩論詩評的態度云：

> 子船山先生初涉茱萸塘，同里劉庶仙前輩近魯藏書甚多，先生因手選唐詩一帙，顏曰「夕堂永日」。夕堂，子先生之別名也。繼又選古詩一帙，宋元詩、明詩各一帙，而暮年重加評論，其說尤詳。至於古文，則始于周秦，終于陳隋。賦居三之一，文居三之二，皆顏曰「夕堂永日」。外則「左傳」、「國語」、「國策」各書，陶靖節、謝康樂、鮑參軍、杜工部各詩，劉復愚文及近代劉青田、徐文長、湯海若各集，均有評論。卷帙繁重，難于問世，且問世亦非先生意也。先生嘗言「世之言詩文者，各立門戶所爭名場，吾名心消盡，所評論者借以永日而已」。暮年各取其所說，約而賅之，爲「夕堂永日緒論」上下二卷。（註一六）

「夕堂永日緒論」上卷，卽爲「內編」，而評論之古詩、唐詩、明詩，卽爲「古詩評選」、「唐詩評選」、「明詩評選」。宋元詩評選，陶潛、謝靈運、鮑照、杜甫等詩集評論已佚。評論這些作品，既在借以永日」，言論自然隨感而發，也自然缺乏系統了。因此，雖然王氏能較當前之詩論者，意識到中國學術用語語義含糊的情形，但由於撰寫詩論詩評的態度與表達意見的方式，以及所用字彙與用語習慣的限制，他還是不能擺脫發生在中國文學評論上的種種用語語義含糊的問題：

甲、對主要用語之語義，不作具體闡述，以致讀者不能由字面直接了解作者之思想或意見。

如「詩廣傳」給「情」字下個定義云：

情者，陰陽之幾也。（卷一。頁二〇）

陰、陽、幾，都是語義含糊的用語，將這三個字扯在一道，又不作具體的闡析，那是完全沒有辦法解釋清楚情字的意思的。

又如「明詩評選」評張泰「長門月」，只云「清新」二字（註一七），「清新」二字意思含糊。「清」可指清楚、清爽、清靜；「新」可謂不舊、鮮明，王氏用此二字，到底是指什麼？是就詩之意義上說？風格上說？感情上說？還是指以上之所有方面說？「清新」二字亦可合爲一詞，含有新穎清快，不落陳套的意思，而此意義之「清新」，又是指以上的那一方面說？這些問題都沒有清楚說明。

乙、用同一辭語，但在不同地方，表示不同意義之現象，亦存在於王氏之言論中，如「詩廣傳」把情字結合陰陽在一道敘述的，共有三處：

(一)「情者，陰陽之幾也。」（卷一。頁二〇）

(二)「情欲，陰也。」（卷三。頁六七）

(三)「怨者，陰事也；陰之事，與情相當。」（卷二。頁五六）

明顯的可以看出：這三個「情」字有兩種不同的含義。第一：以「情」字與「陰」「陽」有關；第二：

以「情」字只與「陰」發生連繫。這兩組意義不同的「情」字，其間的區分很大，讀者如不加以分辨，就會達致錯誤的結論。

在王氏的詩論作品中，同是用「以意爲主」一語，亦竟有截然不同的含義。「夕堂永日緒論內編」云：

無論詩歌與長行文字，俱以意爲主。意猶帥也，無帥之兵，謂之烏合。（「薑齋詩話」卷下。「清詩話」。頁八。中華書局。一九六三）

對「以意爲主」的作品，甚表嘆賞。但是，在「古詩評選」評郭璞「遊仙詩」「翡翠戲蘭苕」一首時，却云：

亦但此耳，乃生色動人，雖淺者不敢目之以浮華，故知以意爲主之說，眞腐儒也。（卷四。頁二九。「船山遺書」）

對「以意爲主」的詩說，則力加抨擊。可知這裏的兩個「意」字，意思是有很大的不同的，讀者如不細辨，而以爲這是王氏詩論的自相矛盾，那就曲解王氏的原意了。

丙、在用前人之術語方面，王氏亦同一般文學批評者一樣，或根據講義，或益以己意。如上引之「詩廣傳」言「情」字與「陰」「陽」關係的三個句例，後兩句以「情」與「欲」與「陰」有關，這是沿用漢人以「性」爲「陽」，以「情」爲「陰」的舊說，（註一八）但是前一句話：「情者，陰陽之幾也。」將「情」與「陰」「陽」一塊聯繫起來，則又是有依據舊說並益以己意之處了。

再說「意」字，「詩廣傳」云：

> 詩言志，非言意。……心之所期爲者志也。念之所覬得者意也。（卷一。頁二二）

以「意」與「志」對立，認爲它是貪圖覬覦的念頭，這就合乎「論語子罕篇」之「子絕四：毋意、毋必、毋固、毋我」之以「意」爲私欲之概念。（註一九）不過，在同一則中，王氏又云：

> 意有公，欲有大，大欲通乎志，公意準乎情。（卷一。頁二二）

以「意」雖屬私欲，但是也有「公」的成分存在。可知王夫之用「意」字，除根據舊義之外，也有他本身的理解在其中的。

四、語義含糊問題發生之根源

中國文學批評作者之不注意系統地提出其詩文見解，不注意具體地闡釋其所用之術語，究其根源，除了前面所說的這類作品的寫作，多是隨感寫下的原因之外，還與下述之三因素有關：

甲、當時社會觀念的影響

舊日中國人的觀念，並不太看得起詩文評這一回事。「隋書」編定於唐代，對所錄的文學評論作品，如摯虞「文章流別志論」、李充「翰林論」、劉勰「文心雕龍」，全列於與「昭明文選」、徐陵「玉台新詠」同類的「總集類」中，不注重它們論文說詩的價值。「宋史・藝文志」亦然。首以詩話名書的論詩作品出現於宋，可是「宋史」却多數將它們歸納於「文史類」中，沒有突出這些作品論詩評文的地位，而更進一步，竟將一些作品，例如曾季貍「艇齋詩話」，李兼的「陸游山陰詩話」，胡仔的「苕溪漁隱叢話」，蘇軾（？）的「東坡詩話」，陳師道的「後山詩話」，列於「小說類」中，與干寶「搜神記」、「玄怪錄」等作品同屬一類，這些作品之不受時人重視，可以想見。「明史・藝文志」雖然不再把詩話歸於「小說類」，但是將之列於「文史類」。至清「四庫全書總目」，才開始別立「詩文評」一類，專事收輯這些作品。可是，這些作品的地位，並不因此而提高多少。王瑤就曾如是指出：

> 中國文學批評史的研究，是「五四」以後……才興起的。在過去的目錄學裏，經史子集的分類秩序，同時也表示了這些書彼此間價值的高下，而詩文評不過是集部的一條尾巴，是很沒有地位的。（註二〇）

又說：

> 一般人只是把它當作閑書看待的，這也就表明過去的讀者和作者並不重視或不接受批評的指導。就影響上來考察，對讀者和作者發生「文學批評」的實際效果的，倒是「總集」，那作用和影響，是遠超過詩話之類的言語的。（註二一）

就是這種重視「總集」過於「詩文評」的觀念，遂造成論詩評文的作品，流爲散言碎語，也使得這些作品所用的術語，由於未經仔細分辨，認眞運用，清楚闡釋，而發生語義含糊的現象。

乙、詩壇風氣的影響

中國科擧制度，略具規模於隋，而成於唐。制擧以詩賦爲試科的，則開始於唐玄宗年間，此後，宋、遼、金各朝，都有此制。（註二二）當時的士人才子，都以仕進爲其前途。因此，能詩善文，都是讀書人起碼的條件。詩文的寫作，也在這個基礎上，極爲普遍興盛。元、明以迄淸初，詩賦試擧雖然沒有施行，但是經過過去前幾代的提倡，寫詩已成爲讀書人必須的課題，它已根深蒂固地存在而且流行於仕界，因此，詩文的寫作，仍然蓬勃興盛。讀書人能詩善文，評論者亦係能詩善文之士，所寫的評論，也是給能詩善文的讀者看的，遂造成評論者，對於所提出的意見，所用的辭語，也本於對方能夠意會的基礎寫下，致使意見的提出，不夠嚴密與系統，辭語的運用，有令讀者模糊之處了。

丙、中國人的思維方式

瑞恰慈氏由「孟子」一書見及中國古籍用語語義含混，而認爲這與中國人的思維方式有關。他說：

中國人之思維特色是經常不注意辨別區分的，而這在西方思維上，却是傳統的習慣，且堅定地建立在語言與思想之明辨上。（註二三）

就是這種不注意辨別區分的思維特色，致使中國人在論述時，欠缺對所用辭語，作明確地說明，以致語義含糊。

五、如何解決語義含糊的問題

然而，我們應當怎樣解決這些用語含糊的問題呢？可以說，徹底解決的辦法是沒有的，不過，如果我們能將評論者在作品中所用的同一辭語，予以搜輯，並且根據上下文，給予比較、分析，多少有助於將這些語義模糊的幪帳揭開。王夫之在「夕堂永日緒論外編」提及中國學術用語語義之不容把握的問題時，就如是主張說：

> 熟繹上下文，涵咏以求其立言之指，則差別自見矣。（頁七）

王瑤也說：

> 這些通常的用詞和概念必須經過詳細的辨析，才能明瞭它的確切的含義。……這雖然是很瑣細的工作，但弄清這些批評概念的涵義是大大有助我們整理過去的文學批評史的。（註二四）

我們很幸運，處在這麼一個時代：西方學者在數十年來，經已發現文字在表達情意上所發生的問題，並用他們極爲發達的語言哲學學識與心理學學識來處理這些問題，而且有着很大的成就。我們能得到他們的意見作爲借鑑，得到他們解決這些問題的方法作爲參考，實在對我們剖析語義含混的中國文學批評的用語，有着極爲有利的幫助。

語言哲學家韋根斯坦（Wittgenstein）在這方面給我們許多有用的啓示。例如在「藍書」（Blue Book）一籍中，他指出：語言的運用並不遵依嚴密的法則，但是，在我們分析比較這些語言時，却要用正確適當的法則嚴密處理，才能把握其含義。又指出：語言本身並沒有意義，它有意義乃是運用者所給予的，不管所給予的，是一層或多層的意義。韋根斯坦的這些看法，豈不正好提醒我們，在分析中國文學批評用語時，應當採用科學底方法，鑑別它的一層或者多層的含義麼？

同書也提到一些語言現象，如說：語言有時一個字可以有幾個分得清楚的層次的意思，有時一個字有幾個意思，融合在一塊，難以分開。韋根斯坦的這個見解，不正也提示我們，在分析中國文學批評用語時，宜多留意複雜多樣的語言現象，從而針對個別的情形，進行分析麼？

英人密勒頓，穆理（James Middleton Murry）在他的作品「關於風格的問題」（The Problem of Style）一書中，一開章就直接指出：當時西方的文學批評者，由於下意識地誤信常用與熟悉之用語，以致對其批評工作之含糊，不明確，感到不滿。他進而說：批評者要獲得成功，全賴於他們運用術語時是否能賦它以一個適合他所要表達而又不爲讀者所誤解的意思。（註二五）穆理更在同書中，先後舉出兩個術語：頹廢（Decadence）與風格（Style）爲例，說明這兩個術語在不同的情況下運用就有不同的意義。（註二六）像上述之穆理氏之意見，對我們分析文學批評用語，不也可以作爲有用的參考資料麼？

前面提及之瑞恰慈「孟子論心」書中對「孟子」用語的分析方法，也可供我們參考。瑞恰慈釋及「孟子」書中「口之於味爲性，君子不謂性」一句，見至「性」字之意思不明確，乃假定讀者面對這術語和這句話時所會發生之反應，從而臆測孟子說這句話時所欲表達之意思。（註二七）這樣的處理手法，不就是我們有用的參考資料麼？瑞恰慈在他的另一部作品：「文學批評的法則」（Principle of Literary Criticism）中，曾舉出「美麗的」（Beautiful）、智識（Knowledge）、眞理（

Truth）、想像（Imagination）等字加以分析，假設在不同的情況中，這些字可能出現的不同的解釋。（註二八）這更給我們具體地提供了分析中國文學批評用語的方法。

除上述各書外，瑞恰慈與奧頓（C.K. Ogden）合著的「意義中的意義」（The Meaning of Meaning），威廉・岩遜（William Empson）的「語義模糊的七種型式」（Seven Types of Ambiguity）等書也有極大的參考價值。

總之，當我們見及中國文學批語用語有含糊不明確的問題，除了上下涵泳本文之外，藉助西方學者在這方面努力的經驗，科學地、精細地分析這些用語，是有助於我們克服這些困難的。

【附　註】

註　一：歐陽修「六一詩話」頁一。「歷代詩話」。台北藝文印書館。一九五九。

註　二：司馬光「溫公續詩話」頁一。「歷代詩話」。

註　三：許顗「彥周詩話」頁一。「歷代詩話」。

註　四：張嘉秀「詩話總龜序」。「詩話總龜」頁一。「四部叢刊初編」。上海涵芬樓影明月窻道人校刊本。

註　五：朱東潤「中國文學批評史大綱」。頁三。台北開明書店。一九六八。

註　六：Siu-Kit, Wong, Ch'ing in Chinese Literary Criticism, p.328, Ph. D Thesis, Oxford University, 1969.

註　七：I.A.Richavds, Principles of Literary Criticism, p.177, Routledge and Kegan Paul Ltd.,

London, 1960.

註　八：徐文見「文學世界」第五卷第二期。頁廿四。一九六一年六月。

註　九：見王瑤「關於中國古典文學問題」。頁四七。上海古典文學出版社。一九五六。

註一〇：I.A. Richards, Mencius on the Mind, p.66.

註一一：見註六，頁三二八—三三二。

註一二：范文瀾「文心雕龍註」卷二。頁六五。香港商務印書館。一九六〇。

註一三：同上書卷六。頁四九四。

註一四：同上書卷六。頁四九三。

註一五：同上書卷七。頁五三八。

註一六：見周調陽「王船山著述考略」。「王船山學術討論集」。頁五〇〇至五〇一。中華書局。一九六五年。

註一七：「明詩評選」卷八。頁十。「船山遺書」。上海太平洋書店排印本。一九三三。

註一八：如許愼「說文解字」釋「情」云：「情，人之陰氣有欲者也，從心靑聲。」釋「性」云：「人之陽氣，性善者也。」見段玉裁「說文解字註」十篇。頁二四。台北藝文印書館。

註一九：「論語注疏」卷九。頁二。「十三經注疏」。台北藝文印書館影嘉慶二十年江西南昌府學開雕本。一九六五。

註二〇：王瑤「中國文學批評與總集」。「關於中國古典文學問題」。

註二一：同上註。

註二二：見鄧嗣禹「中國考試制度史」。頁一四〇。台北：學生書局。一九六七。

註二三：I.A. Richards, <u>Mencius on the Mind</u>, p.3.

註二四：王瑤「中國文學批評與總集」。「關於中國古典文學問題」。

註二五：J. Middleton Murry, The Problem of Style, p.1, Oxford University Press, Second Edition, 1949.

註二六：Ibid., p.1-2.

註二七：I.A. Richards, Mencius on the Mind, p.3.

註二八：———, Principle of Literary Criticism, pp.239-243 and pp.268-271.

第二章　王夫之詩論作品主要用語闡釋

一、王夫之的詩論作品

王夫之（一六一九～一六九二），衡陽人。生於明萬曆四十七年，卒於清康熙三十一年，享年七十有四。（註一）著述極豐富。依周調陽「王船山著述考略」統計，有九十五種，其中十五種有目無書，蓋已失佚。（註二）至今可見者有八十種，具見於一九三三年上海太平洋書店「船山遺書」中。八十種中，關於論詩評詩的有「詩繹」一卷，「夕堂永日緒論內編」一卷，「古詩評選」六卷，「唐詩評選」四卷，「明詩評選」八卷。（註三）「詩廣傳」五卷，對於詩與情感的關係，所言尤詳。其他則散見於爲人所作之詩序，與本身詩作前之小序中。

「詩繹」一卷本附於「詩經稗疏」之後，「四庫全書」收「稗疏」，唯對附於其後之「詩繹」極表不滿，以其有自穢其書之作用（註四），雖是執一端之見，但亦顯示「詩繹」與「稗疏」性質之不同。因此清王啓原輯談詩評詩的作品，乃將「詩繹」與「夕堂永日緒論內編」輯於其「談藝珠叢」中（註五）；丁福保輯「清詩話」，也將此二者合爲一種，稱「薑齋詩話」（註六）。一九六三年九月上

海中華書局重印「清詩話」，對丁氏之本，雖有增減，但「薑齋詩話」二卷，仍依丁氏。（註七）

「詩繹」寫成年代不詳，其寫作方式與「夕堂永日緒論內編」相近，當係同一時期之作。「夕堂永日緒論」，據書序，成於庚午年，時清康熙二十九年，公元一六九〇年，王夫之七十二歲。（註八）「古詩評選」，鄧顯鶴「船山著述目錄」作「夕堂永日八代詩選」。「唐詩評選」、鄧「錄」作「四唐詩選」。「明詩評選」、鄧「錄」無目（註九）。此三種之所以稱爲古詩、唐詩、明詩評選，係依據劉人熙之改題，而總名之爲「船山古近體評選」（註一〇）。此三書出現極遲。鄧「錄」於「八代詩選」、「四唐詩選」目下，俱著未見（註一一）。曾國藩（一八一一—一八七二）兄弟出貲刊行「船山遺書」，亦無此三種。至劉人熙於辛亥革命前後始於長沙排印「船山遺書」，民國二十二年（一九三三）上海太平洋書店排印「船山遺書」，始收三者於其中。三書著作年代不詳，周調陽「王船山著述考略」說可能是他六十七、八歲左右之作品，頗爲可靠。（註一二）

「詩廣傳」雖是王夫之讀「詩經」時寫下之雜感文字，其中含有哲學、史學、政治、文學等等方面之觀點，但涉及文學之篇數亦不少，所以劉人熙在序「古詩評選」談及王氏編選評論前人詩作之功時，就曾提及「詩廣傳」（註一三）。同時，書中言及人情之意見，亦可作爲其論詩、詩人與讀者之感情關係等等之參考。

「詩廣傳」，著作年月不詳，周調陽曾看到「詩廣傳」抄本，上有「癸亥閏月重定」之字樣，因比，此書當作於癸亥（康熙二十二年，一六八三年）以前（註一四）。王孝魚「詩廣傳」「點校說明」

以此書內容，與「春秋世論」、「春秋家語」、「老子衍」等有關，而集中反對逃禪的思想，乃是對其好友方以智勸他信佛而發，故測為一六七一年或一六七二年間的作品，雖不能成為定論，亦有參考價值。（註一五）

王敔刊行王氏之著作時，「詩廣傳」尚未見世。道光二十二年，由王氏裔孫王世全出貲刻印，鄧顯鶴等審閱。鄒漢勛（一八〇五—一八五三）等編校的「船山遺書」本（下省稱舊刻本）十八種中始有此書，唯此板於咸豐初，因兵災燬亡（註一六）。曾國藩兄弟，在同治五年於金陵刻成之「船山遺書」（下省稱曾刻本）五十八種，「詩廣傳」亦在其中。一九三三年上海太平洋書店排印之「船山遺書」本（下省稱排印本），亦有是書。一九六四年二月，中華書局出版此書，由王孝魚精校細勘，標點分段，且較上述各本增補了四則未刊稿（註一七）。

其他與王氏詩論有關之作品有：

㈠「南窗漫記」：依王氏之「南窗漫記引」，作於戊辰年（康熙二十七年，一六八八年）。此書可見的有曾刻本、排印本、「四部叢刊」本。

㈡書序。有「詩傳合參序」、「種竹亭藁序」、「殷浴日時藝序」、「劉考尼詩序」。此四者均收於「薑齋文集」中。今可見的有曾刻本，排印本、「四部叢刊」本，北平中華書局「王船山詩文集」本（下省稱詩文集本）。

㈢其著作前之序言：

⑴「九昭」前之小序：「九昭」爲王氏所著之「楚辭通釋」之最後一篇。「楚辭通釋」面世極早。王敔初刻船山作品時，就有此書（註一八）。以後道光年間，彖焜於衡陽補刻王氏之著作（下稱補刻本）（註一九），及其他各「船山遺書」本，均有此書。一九六二年中華書局出版之「王船山詩文集」，亦收「九昭」一卷於「薑齋文集」中。依「楚辭通釋」「序例」，此書成於乙丑秋（康熙二十四年，一六八五年），「九昭」既爲該書最後一卷，亦當爲該年間之作。

⑵「薑齋六十自定稿」之「自敍」：「六十自定稿」是收集王氏本人由己酉（一六六九）至戊午（一六七八）年所作之詩篇。「自敍」寫於庚申，卽公元一六八〇年。有曾刻本、排印本、「四部叢刊」本、「詩文集」本。

⑶「薑齋七十自定稿」之序言：「七十自定稿」乃收集王氏本人由庚申（一六八〇）至戊辰（一六八八）年間之詩作。「序言」寫於戊辰年（一六八八）。有曾刻本、排印本、「四部叢刊」本、「詩文集」本。

⑷「題蘆雁絕句」詩之序言：此詩王氏編於「夕堂戲墨」中。詩後小跋有「題此經一年矣」之字樣，跋寫於庚戌（一六七〇）秋冬之際，序言亦當寫於此時。「夕堂戲墨」面世極早。王敔所刻，已有此集。其他有曾刻本。排印本。「四部叢刊」本。「詩文集」本。

⑸「仿昭代諸家體」之序言：寫作年月不詳。鄧「錄」作「薑齋詩集」卷十。金陵曾刻本列「夕堂戲墨」卷六。王敔所刻之「夕堂戲墨」，亦有此詩及其序言。

(6)「廣哀詩」之序言：「廣哀詩」乃王氏追憶其好友熊霖等十九人而作。序言寫於辛酉（一六八一）。有補刻本、排印本、「詩文集」本。

(7)「憶得」一集之敍說，王氏稱之爲「述病枕憶得」，作於丙寅年（一六八六）。鄧「錄」於此集目下，著未見二字，是知此書於其時尚未面世。補刻本始收此集。其他有排印本、「詩文集」本。周調陽「王船山著述考略」所敍十五種尚未能輯獲之王氏著作中，有「李詩評」、「杜詩評」、「劉復愚集評」與「夕堂永日宋詩選評」。另有「南窗外記」一種，想其性質亦當與「南窗漫記」相近，多少或可透露王氏之詩論見地。這些作品對了解王氏詩論當然是重要之資料，其失佚令人遺憾。

二、釋王夫之詩論作品幾個主要用語

鑑於王夫之詩論作品，與一般中國文學批評著作一樣，存在着用語語義含糊的問題。因此，進行王夫之詩論之研究時，嘗試收錄及分析王夫之詩論作品的幾個主要用語，如「情」、「意」、「氣」、「神」等字之含義，結果發現，這些用語之含義一旦清楚，王氏之詩論之脈絡亦清楚可尋。

茲闡釋這些用語如後：

甲、釋「情」

㈠「情」指宇宙本體之變化。

「詩廣傳」卷一云：

情者，陰陽之幾也。

王夫之在這裏給「情」字下個定義。句中較費解的是「幾」字。「幾」字意義明瞭，「情」字意義自可清楚。

「幾」，「說文」釋爲「微」，爲「殆」，爲「危」（註二〇）。「辨字正俗」本許愼之見解，以爲「幾」的基本意義有二：「危」，「近」（註二一）。然而，用「微」、「殆」、「危」、「近」以釋「陰陽之幾」之「幾」字，都不妥切。

「幾」字於此應解爲「變動」、「變化」。「易繫辭下」「傳」以「幾」爲「動之微」。雖以「幾」與「微」有關，但已涉及「動」字。疏易者解釋「幾」字，雖亦持着「微」義，但已注意到它是指宇宙發生，演變之過程（註二二）。這很可以作爲王氏此語「幾」字之註脚。

釋「幾」爲宇宙之變化者並非他人，而是王夫之自己。他在「讀四書大全說」云：

氣之誠，則是陰陽，是仁義，氣之幾，則是變合，是情才。（卷十。頁三。「船山遺書」。上海太平洋書店。一九三三）

以「誠」「幾」對擧並說明其間之關係，可說是「陰陽之幾」一語之具體闡釋。「誠」、「幾」二詞本宋周敦頤（一〇一七—一〇七三）（註二三），而王氏更作進一步之發揮：「誠」是「陰陽」，是宇宙本體；「幾」是「情才」，是宇宙本體之變化。

在王氏的其他言論中，他是認爲「誠」、「幾」並非截然對立的；「誠」是絕對的，是無對之詞。他說：

誠者，無對之詞也。……說到一個「誠」字，是極頂字，更無一字可以代釋，更無一語可以反形。（「讀四書六全說」。卷九。頁六）

如果以「體」「用」關係釋「誠」「幾」，則「用」是「體」之「用」，非「體」外更有一獨立絕對之「用」字；「幾」是「誠」之「幾」，非「誠」外更有一獨立絕對之「幾」字。

「情者，陰陽之幾也。」其義卽指「情」係宇宙本體之變化。

㈡「情」指天地萬物人類事理所具有之共同共通之性質。

我們常說：人非草木，孰能無情。以爲人類有情，而草木無情。但王夫之「詩廣傳」說：

君子之心，有與天地同情者，有與禽魚草木同情者，有與女子小人同情者，有與道同情者。（卷一。頁十）

却以爲人心不但與天地同情，且與禽魚草木及抽象之「道」同情。可知他之所謂「情」，與「人非草木，孰能無情」之「情」字意義不同。

他所說的「情」字的意義是什麼呢？

王氏認爲：天地萬物，物我萬象，乃絪緼二氣之發動，交感凝滯而成。凝滯而成之物我萬象，亦各具二氣之本體（註二四）。因此，從這一角度來看人心、物理之關係，人心與物理本非二物。所以王氏說：

理者，人心之實；而心者，天地之所著、所存也。（「四書訓義」。卷八。頁十三。「船山遺書」）

這種人心，物理共具之本質，卽爲上述之與天地、禽魚草木同「情」之「情」字之意義。

㈢「情」指人類獨具，有別於禽獸之內心活動。從道德標準看，它處於「善」「惡」之間。王夫之以爲：天地萬物之現沒，乃由於陰陽二氣之聚散屈伸。氣聚則萬物現，氣散則萬物沒。對人來說，也是如此。氣聚則人生，氣散則人亡。（註二五）

氣聚物生後，物物都具有「氣」之實體，氣聚人生後，人身亦具有「氣」之本體。這本體，王夫之稱爲「性」。所以他說：「性」是「氣化之成于人身，實有其當然者。」（註二六）又說：「性是氣之誠」。

王氏又認爲：有如天不能無生，氣不能不聚散一樣，人性亦不能無動。人性動就有變合，這就是人心活動（註二七）。他又稱這人心活動爲「情」。故云：「情者，性之幾。」

在「詩廣傳」中，王夫之以「情」字代表一般人心活動者之處甚多。如云：

周尙文，文以用情。……文者白也，聖人之以自白而白天下也。匿天下之情，則將勸天下以匿情矣。（卷一。頁一）

「文以用情」，卽指以「文」引導人民之「內心活動」；「勸天下以匿情矣」，卽指引導天下藏匿而不表露其「內心活動」。

中國學者常把人心活動分爲喜怒哀樂愛惡欲，而稱之爲「七情」，有時少了一個欲，稱爲「六情」王夫之也是如此，在其「讀四書大全說」中就有這種說法。不過，中國學者常將「性」稱爲「善」，而喻「情」爲惡，王夫之就不如此。他認爲：「性」既然是「氣」具藏於人心之實體，「氣」無不善，「性」亦如此，不過由「性」之變合所形成之「情」，它雖然不能全「善」，但亦並非全「惡」，它處于「善」「惡」之間，有「善」，亦有「惡」。在「詩廣傳」中，他說：

> 貞亦情也，淫亦情也。情受於性，性其藏也，乃迨其爲情，而情亦自藏矣。藏者必性生，而情乃生欲，故情上受性，下授欲。（卷一。頁二二）

由此可知，「情」字在王氏詩論作品中有一種用法：泛指人類的內心活動，以道德標準說，它「上受性、下授欲」，它處于善惡之間。

㈣「情」指人心活動之合乎肯定之道德標準（善）者。

王氏詩論作品中，亦有以「情」字代表人心活動中之含具肯定道德標準（善）者。王氏在用及這一意義之「情」字時，其意義與「性」字極接近，尤其是將「情」「欲」對舉時，更爲明顯。如「詩廣傳」云：

> 詩言志，非言意也；詩達情，非達欲也。……意有公，欲有大。大欲通乎志；公意準乎情。但言意，則私而已；但言欲，則小而已。（卷一。頁二二）

在這裏，王氏將「志」、「情」、「大欲」、「公意」，列於他所肯定的一組詞類，將「意」、「欲」、

「私意」、「小意」、列於他否定的一組詞類。「志」、「意」、「情」、「欲」，就其共通點說，乃指人類的內心活動，不同的是，「志」是「大」的，「情」是「公」的，「意」是「私」的，「欲」是「小」的。就整則流露的思想看，「小」與「大」，「私」與「公」的區別，乃以社會群體之利益與個人之道德觀爲標準。「大」與「公」之人心活動，則合乎社會群衆利益與肯定之道德標準，「小」與「私」則否。「情」字於此，卽具合乎肯定道德標準之人心活動之意義。

「詩廣傳」又云：

其貞士曰：衡門之外，可以棲遲；泌之洋洋，可以樂飢。則其淫人曰：東門之池，可以漚麻；彼美淑姬，可與晤歌。降其志以從康，降其情以從欲，均之乎降，則貞士之去淫人也無幾矣。（卷二。頁六〇）

以「志」、「情」指貞士之內心活動；「康」、「欲」爲淫人之內心活動，「情」代表人心活動之具肯定道德標準者之義亦明顯。

爲特別表明寓有善性之「情」字之意義，在行文用字時，王夫之有時用下述詞語替代之：

(1)性情

「詩廣傳」云：

無大故而潄，不相及而憂，私憤而以公理爲之辭，可以有待而早自困，耳食鮑焦、申徒狄、屈原之風而呻吟不以其病，凡此者惡足以言性情哉？（卷一。頁三二）

「性情」與「無大故而激，不相及而憂，私憤而以公理爲之辭」等不正之心術相對，它指合乎肯定道德意義之人心活動極明。

⑵情之性

「詩廣傳」云：

孝子之於親，忠臣之於君，其愛沈潛，其敬怵惕，迫之而安，致命而已有餘，歷亂而不沓，情之性也。（卷一。頁二四）

歌頌孝子忠臣，乃由於他們有敬愛其上之「情之性」。「情之性」亦明顯的指合乎肯定道德標準之內心活動。

⑶性之情

「詩廣傳」云：

不吡於憂樂者，可與通天下之憂樂矣。憂樂之不吡，非其忘憂樂也，然而通天下之志而無蔽，以是知憂樂之固無蔽，而可以爲性用，故曰：情者，性之情也。（卷二。頁六八）

能爲「性」用之「情」，爲「性」之「情」，可知「性之情」之意義。

㈤「情」指不合乎肯定道德標準之人心活動。

與上則相反的，「情」在「詩廣傳」中，有時却只代表不合乎道德標準的一類人心活動，其意義與書中提及之「意」、「欲」相近。如云：

怨者，陰事也。陰之事，與情相當，不與性相得；與欲相用，不與理相成；與女相宜，不與男相稱，遂情之動於性，遂欲之幾於理，遂婦人之懷於君子，則陰爲陽用，而國惡得不傾乎？（卷三。頁七六）

這裏，王氏列「情」、「欲」、「陰」、「女」爲一組詞類，而以否定態度對待；列「性」、「理」、「陽」、「男」爲一組詞類，而以肯定態度對待。可看出「情」與「欲」意義接近之處。有時，王氏甚而「情」「欲」兩字連用，以表示不合道德標準之內心活動，如「詩廣傳」云：

情欲，陰也；殺伐，亦陰也。陰之域，血氣之所趨也。君子弗能絕，而況細人乎？（卷二。頁五六）

除以「意」、「欲」、「情欲」表示這類不合道德標準之人心活動外，王氏還稱之爲：

(1)「淫」情。

「詩廣傳」云：

情之貞淫，同行而異發久矣。……故擇理易，擇情難，審乎情而知貞與淫之相背，如冰與蠅之不同席也，辨之早矣。不獎其淫，貞者乃顯。（卷一。頁二三）

王氏所謂「淫」，並不如一般人之局限於男女之私。「詩廣傳」云：

淫者，非謂其志於燕媟之私也，情極於一往，汜蕩而不能自戢也。（卷三。頁一〇八）

(3)「不道之情」：

「詩廣傳」云：

治不道之情，莫必其疾遷於道，能舒焉其幾矣。（卷三。頁九三）

㈥「情」指與外物觀照交融之文思活動

「詩繹」云：

情景雖有在心在物之分，而景生情，情生景，哀樂之融，榮悴之迎，互藏其宅。（「清詩話」。頁六。）

王夫之認爲：「情」「景」雖有在心在物的分別，但是這不過是爲了敘說的方便，事實上，一提及寫作活動中之「景」，無非是受「情」薰染的「景」；提及寫作活動的「情」，無非是受外物（景）觸引，並與外物（景）觀照交融之「情」。兩者的關係，不可分割，所以王氏說：

夫景以情合，情以景生，初不相讓，唯意所適。截分兩橛，則情不定興，而景非其景。（「清詩話」。頁十一）

這種與外物觀照交融的文思活動，是未表現於作品前，經已具現於文人心中的「境界」（意），而這境界，是決定作品是否生動的關鍵。能有這境界的作品，王氏就力讚之，如云：

迎頭入景，宛折盡情，興起意生，意盡情止，四十字打成一片。（「明詩評選」。卷五。頁一二。「船山遺書」）

由上所述，可知王夫之詩論作品中的「情」字的另一個含義，爲與外物觀照交融的文思活動。

(七)「情」指作品完成後，由於作品之組成成分如文字，聲律，形象等表露之情感

上一則所說的「情」，是指作品未產生前，具現於文人心胸與外物交融之文思活動。這一則所說的「情」，則爲作品完成後，作品組成成分所表露之情感，此情感可由讀者在閱讀時深深地感受到。

這情感，王夫之有時稱爲「情」，如評阮籍（二一〇—二六三）「詠懷」詩云：

唯此窅窅搖搖中，有一切眞情在內，可興、可觀、可群、可怨，是以有取于詩。（「古詩評選」。卷四。頁十六）

有時稱爲「文情」，如評左思（生卒年不詳）「招隱」詩云：

來回輝映，文情不窮，而但紀一事，古人詩所不及者，正此爾。（同上書。卷四。頁四九）

有時指作品之文字所表露之情感，如評朱曰藩「飮罷逍遙館作」云：

字字是情。（「明詩評選」。卷六。頁三二）

有時指聲律所表露之情感，如評阮籍「詠懷」云：

較露聲色，而含情自深。（「古詩評選」。卷四。頁一五）

有時指作品之形象（景）所表露之情感。如評劉禹錫「松滋渡望峽中」云：

自然感慨，盡從景得，斯謂景中藏情。（「唐詩評選」。卷四。頁二一。「船山遺書」）

(八)「情」指文學作品之內容

五四運動以後出現的文學評論，稱文學作品所表達的對象爲「內容」、如何表達爲「形式」。在

中國舊文學評論，則常用「情」與「文」「言」等分別稱呼。如「詩大序」：

情動於中，而形於言。（註二八）

劉勰「文心雕龍」「情采篇」：

情者，文之經；辭者，理之緯。（註二九）

王夫之的詩論作品，在這方面的用字方式相同。有時他將「情」與「字」對舉，「情」指內容，「字」指形式。如評李商隱（八一二—八五八）「和友人戲贈」云：

斯有麗情，不徒錦字。（「唐詩評選」。卷四。頁二七）

有時將「情」與「文」對舉，「情」指內容，「文」指形式。如評薛能「恭禧皇太后輓歌詞」云：

有情有文。（同上書。卷三。頁二八）

有時將「情」與「語」對舉，「情」指內容，「語」指形式。如評曹鄴「代羅敷誚使君」云：

語益直，情益曲，此公眞樂府好手，亦眞詩人。（同上書。卷一。頁二三）

(九)「情」指流露於語言文字以外之韻味

中國藝術評論，常常不太重視作品之表達媒介具體地包含的內涵，而更強調表達媒介之外到底流露了些什麼，與是否能給予讀者無限之回味。這深妙的，流露於作品表達媒介以外之韻味，就是本則所說的「情」字的意義。

王夫之詩論作品中之一些「情」字，就具有這含義。如評丁仙芝「渡揚子江」云：

八句無一語入情，乃莫非情者。（同上書。卷三。頁一五）

前一個「情」字，指詩人之感情。八句沒有一語滲入詩人的感情，而却給讀者感到情致無窮。後一個情字，就是本則所說的表露在作品表達媒介之外，能予讀者無窮囘味之韻味了。

王氏對謝朓（四六四—四九九）「之宣城郡出新西林浦向板橋」一詩所下評語用及之「情」字，也具此義。其言云：

語有全不及情，而情自無限者，心目為政，不恃外物故也。（「古詩評選」。卷五。頁一九）

「情自無限」之「情」字，卽指「語有全不及情」，但却可令讀者囘味不盡之韻味。

㈩「情」指詩人稟具之才能

王夫之評劉琨（一八一〇—？）「胡姬年十五詩」云：

起二語，溫李盡情所不能至。（同上書。卷六。頁一）

以劉詩開頭「虹梁照曉日，淥水泛香蓮」二句，卽使溫庭筠，李商隱盡其才能努力，亦不能寫出這樣的文字。「情」卽指詩人稟具之才能。王氏論詩，極重詩人之先天稟賦，如稱讚曹丕，卽云：

子桓天才駿發，豈子建所能壓倒耶？（「清詩話」。頁一五）

稱讚謝靈運（三八五—四三三），亦云：

謝每于意理方勝處，因利乘便，更卽事而得佳勝。……杜子美用此法又成離遏，才授自天，豈可彊哉？（「古詩評選」。卷五。頁四）

這些評論，都可以作爲理解劉琨詩評用語之輔助。

除用「情」字以喻「才能」外，王氏亦用「才情」一詞表示。如評隋煬帝「江都夏白紵歌」云：

取景含情，但極微秀，眞富貴，眞才情，初不賣弄艷奕也。（同上書。卷一。頁三七）

(十一)「情」字接於「人」字下，合爲一詞，意義除如則(三)所釋之人心活動外，亦有用以喻常人鑑賞詩作之水平。

「人情」一詞，於王氏詩論中，除具人心活動之義外，亦有寓常人鑑賞詩作水平之意。「古詩評選」評蔡邕（一三三——一九二）「飲馬長城窟行」云：

或興或比，一遠一近，謂止而流，謂流而止，神龍之興雲霧，馭以人情準之，徒有浩歎而已。

（卷一。頁六）

即以「人情」爲可憑常人之思索，理解所可達及之鑑賞詩作之水平，而這是不能了解有如神龍興雲霧一樣的變化的。

(十二)「情」與「勢」同，指事物所處之形勢。

「情」字的另一個意義，與「勢」字相通，指事物所處之形勢，及此形勢之發展。「詩廣傳」云：

嗚呼！「民勞」之無能也，無能爲益，而待益於上也。「柏舟」之無民也，薄其所厚，則雖欲弗淫蕩而不得也。故觀乎「民勞」而國無不亡之勢，觀乎「柏舟」而民無不散之情。（卷四。頁一二八）

「情」與「勢」同，意義不僅說明「民勞」無君、「柏舟」無民所呈現之狀況，更指出此狀況之發展，將造成「國無不亡」、「民無不散」。

（十三）「情」指人、物之內在本質。

「情」在中國古籍中，有一意義乃指人、物之內在本質，非僅指人心活動或內心感覺。如「孟子」「告子」云：

乃若其情，則可以爲善矣。

釋者就以「情」指「事之實」。王夫之詩論作品有些「情」字，亦具此義。如「詩廣傳」云：

誠者，何也？天地之撰，萬物之情也。……曼而不知止則厭，無端而搜之則驚，前有所詘、後有所中則疑，數見不鮮而屢溷之則怒，無可厭而後歆，無所驚而後適，無所疑而後信，無可怒而後喜，此萬物之情也。（卷四。頁一二九）

「情」卽指萬物之「實質」，「曼而不知止則厭」至「無可怒而後喜」則指此萬物之實質之特色。

（十四）其他

以上所擧，只是「情」字之一些含義，其實，於王氏詩論，其用字方式並不止上擧之數類，如它亦有指與思想（理）無大關係之內心活動者，如評謝靈運「田南樹園激流植援」云：

亦理亦情亦趣，逶迤而下，多取象外，不失圜中。（「古詩評選」。卷五。頁五）

「情」與「理」分敍，卽具此義。這裏不加贅述。

乙、釋「意」

㈠「意」指不合乎肯定道德標準之人心活動。

見上則釋「情」㈤。

㈡「意」指尚未表達而具存於文人心胸之境界。

中國畫論中，早就出現「意在筆先」的觀念（註三〇）。「筆」指表達媒介，「意」爲具存於文人心胸的境界，其義如蘇軾（一〇三六—一一〇一）論作畫所稱之「成竹在胸」（註三一）。

王夫之詩論作品的「意」字，亦具有此義。「詩繹」云：

「采采芣苢」，意在言先，亦在言後，從容涵咏，自然生其氣象。（「淸詩話」。頁四）

「意在言先」，脫胎於「意在筆先」。「意」卽爲在尙未表達於語言媒介前，已具存於文人心胸之境界。

「夕堂永日緒論內編」云：

把定一題、一人、一事、一物，於其上求形模、求比實，求詞采，求故實，如鈍斧子劈櫟柞，皮屑紛霏，何嘗動得一絲紋理？以意爲主，勢次之。勢者，意中之神理也。唯謝靈運爲能取勢，宛轉屈伸，以求盡其意，意已盡則止，殆無剩語，夭矯連蜷，烟雲繚繞，乃眞龍，非畫龍也。

（同上書。頁八）

「意」非寫作前所把定之一人、一事、一物，而是經過醞釀而具存於文人心胸的境界。謝靈運在寫作時，能攫住此境界之神妙部分（取勢）、而將此境界表露（盡意），王氏自然大力讚賞。

㈢「意」指無視詩文特質而刻盡心思，追逐摹擬之寫作態度。

王夫之認爲：詩之寫作，乃詩人未動筆前，心胸有所感觸，或情思飽蘊，或境界已成，而後含毫運筆寫成的。因此，他強力指責不理詩情醞釀，並且無視詩之特性，刻盡心思，追琢摹擬的寫作態度，並稱這種寫作態度爲「刻意」或「設意」。如評斛律金（四八八—五六七）「敕勒歌」云：

寓目吟成，不知悲涼之何以生？詩歌之妙，原在取景遣韻，不在刻意也。（「古詩評選」。卷一。頁三四）

又評阮修（二七〇—三一一）「上已會」：

初不設意爲局格，正爾不亂，吾甚惡設意以矜不亂，如死蚓之抗生龍也。（同上書。卷二。頁一二）

㈣「意」指與情感較少關涉之哲理或思想。

「古詩評選」評鮑照「擬行路難」云：

全以聲情生色，宋人論詩，以意爲主，如此類直用意相標榜，則與村黃冠盲子所彈唱，亦何異哉？（卷一。頁二五）

王氏稱讚「聲情生色」的作品，而反對無視聲情，直以哲理或思想入詩的作品或有關評論時。即用「意」字來表示此等與情感全無關涉或較少關涉的哲理或思想。以下二例，亦可見及「意」字之同樣用法。評鮑照「中興歌」云：

居然是中興歌，「茉莒」「摽梅」爲周家與王景色以此。雖然，非有如許聲情，又安能入于變

風哉？學我者拙，似我者死，此之謂也。宋人以意求之，宜其愚也夫。（「古詩評選」。卷三。頁三）

評高啓（一三三六—一三七四）「涼州詞」：

詩之深遠廣大，與夫舍舊趨新也，俱不在意。唐人以意爲古詩，宋人以意爲律詩絕句，而詩遂亡。如以意，則直須贊易陳書，無待詩也。（「明詩評選」。卷八。頁五）

(五)「意」指作品的內容。

與上節釋「情」(八)所說的情形一樣，當「意」字與「言」、「句」等字對擧時，其義常爲作品之內容。王氏評宋樂府辭「青谿小姑曲」云：

「風吹」、「葉落」，句分意合，自妙。（「古詩評選」。卷一。頁二六）

卽以原詩「日暮風吹」、「葉落滿枝」二句，「句」雖然分開，但所表露的內容（意）却是一貫。「古詩評選」評嵇康「贈秀才入軍」云：

平敘雜擧，意言酣飽。（卷二。頁五）

評古歌謠「雞鳴歌」云：

無限早朝詩，此但拈其一曲而已無不該。古人之約以意，而不約以辭，如一心之使百骸。（卷一。頁六）

「意」字之義，皆爲作品之內容。

㈥「意」指寫作過程中，落筆時或完篇後所展現之境界。

本節㈠所言之「意」，是指未寫詩前，具存於詩人心胸之境界，這裏所說的「意」，則爲詩人落筆時完篇後，作品所展現之境界。

「古詩評選」評鮑照「代東門行」云：

空中布意，不墮一解，而往復縈回，興比賓主，歷歷不昧。（卷一。頁二二）

「空中布意」，卽謂於虛處（空中）落筆以展現詩境之手法。又評吳邁遠「長相思」結語云：

結意，尺幅之中春波萬里。（卷一。頁二六）

「意」卽指此詩結句展現予讀者之有若春波萬里之境界。

㈦「意」指展現於語言之外，可由讀者領略而得之韻味。

王夫之詩論作品中，又有以「意」字代表展現於語言之外，可由讀者領略而得之韵味之義的，有如釋「情」一節㈨所言之「情」字之含意。

「夕堂永日緒論內編」云：

如「君家住何處，妾住在橫塘，停船暫借問，或恐是同鄉。」墨氣四射，四表無窮，無字皆其意也。（「清詩話」。頁一九）

朱光潛「詩的境界」一文嘗引王氏所談之崔顥「長干行」而論云：

這……首……詩，儼然是戲境，是畫境，它們是從混整的悠久而流動的人生世相中攝取來的一剎那，一片段。本是一剎那，藝術灌注了生命給它，它便成為終古。詩人在一剎那中所心領神會的，便獲得一種超然時間性的生命，使天下後世人能不斷地去心領神會，本是一片段，藝術予以完整的形相，它便成為一種獨立自足的小天地，超越出空間性而同時在無數心領神會者的心中顯現形相。（註三二）

此語很可以為王氏之批評作註腳。王氏所說之「無字處皆其意」之「意」字，即指此超越出空間性（語言」而在無數心領神會者（讀者）心中顯現的形相（意）。

㈧「意」指詩人憑其經驗而進行辨認之思慮活動。

「古詩評選」評張協「雜詩」云：

「森森散雨足」，佳句得之象外，然唐人亦或能之。每一波折，平平帶出，令讀者如意中所必有，而初非其意之所及，則陶謝以降，此風邈矣。（卷四。頁一八）

「意中所必有」、義為讀者本可以其經驗思索；「初非其意之所及」，義為其實並非讀者之思慮所可認識。「意」字之含意，即為可憑經驗而進行認識之思慮活動。

對此意義之「意」字，王夫之又用「人意」一詞表示，如評謝靈運「從斤竹澗越嶺溪行」：

亦往往入人意中，顧他人詩，入人意即薄劣，謝獨不爾，世有眼前景物之說，詎此亦非不然。雖然，豈易言哉？（「古詩評選」。卷一。頁二六）

又評杜甫「遣興」云：

宛折有神，乃以直承魏晉，上古人作一直語，必不入人意中。直而可以人意直射得者，元白之所輕俗也。（「唐詩評選」。卷五。頁六）

㈨其他

除上述諸義外，「意」字於王氏詩論作品之用法尚有多種，有指人心之願望者，如「唐詩評選」評王建「贈索暹將軍」：

刻寫已極，結處却還他不盡，擒縱可云如意。（卷四。頁二一）

「如意」，即指符合詩人之願望。有指推測，猜測之義者，如「詩廣傳」云：

燧農以前，我不敢知也。君無適主，婦無適匹，父子兄弟朋友不必相信而親，意者其僅顈光之察乎？（卷三。頁八〇）

有指意思，含義者，如「詩繹」云：

用複字者，亦形容之意，「河水洋洋」一章是也。（「清詩話」。頁三）

此亦不加贅述。

丙、釋「氣」

㈠「氣」指宇宙本體、萬物始原

「古詩評選」曹丕「雜詩二首」「西北有高樓」一首云：

夫大氣之行，于虛有力，于實無影。其清者密微獨往，蓋非噓呵之所得及乎！（卷四。頁八）

「氣」字卽指宇宙本體，萬物始原。王氏以爲；整個宇宙，雖名爲太虛，其實是「實有」，「實有」而名爲太虛，乃由於此「實有」非人類之感官所可達及。故云：

夫其所謂太虛者，吾不知其何指也，兩間未有間耳，一實之理，洋溢充滿，吾未見其虛也。（「禮記章記」。卷四二。頁一二。「船山遺書」）

又云：

兩間之見爲空虛者，人目力窮於微渺，而覺其虛耳。其實則絪縕之和氣，充塞而無間。（「周易內傳」。卷四。頁八八。「船山遺書」）

但這宇宙本體，却是萬物之始原，故王氏又云：

二氣之動，交感而生，凝滯而成物我之萬象。（「張子正蒙注」。卷一。頁一三。中華書局）

宇宙本體的運行，不爲人類之感官所可察及，但它却是萬物的始原，故王氏云：「于虛有力，于實無影。」

(二)「氣」指宇宙本體化生人後，爲人所稟具之特性（個性）

宇宙本體稱爲「氣」，宇宙本體化生成人，爲人所稟具之特性（個性），王夫之亦稱爲「氣」。後者，猶如唐君毅所稱之人生中精神性，生命性之「氣」。（註三三）

王夫之嘗引曹丕「典論論文」之言云：「文以氣爲主」，又云：「氣之淸濁有禮，不可力強而致。」此二氣字，歷代論者都沒有注意到其間的呼應關係，而引出種種錯誤的解釋（註三四）。還是徐復觀分析得好，他將「文」「體」聯系起來而釋爲「體貌」——猶本章所言之「風格」，以「氣」爲稟具於作者之生命性的力（個性）。「文以氣爲主」，其義卽爲文章的風格決定于文人的個性。但是個性有淸有濁，是天生如此，不可受後天力量所轉移，故云：「氣之淸濁有體，不可力強而致。」（註三五）「氣」於此之用法，作稟具於作者之特性（個性）之義甚爲明顯。

㈢「氣」指詩人寫詩時流貫運行之情思活動，或成詩後，流貫於作品之情感。

「說文」釋「氣」字云：「氣，雲氣也。」人見雲氣變化流動，遂將變化流動的宇宙現象，以及具存於其自身之流動變化之現象，亦稱爲「氣」（註三六）。就後一點說，這也就是王夫之爲何以「氣」稱詩人寫詩時流貫運行之情思活動，與成詩後，流貫於作品之情感。

「唐詩評選」評杜甫「秦州雜詩」云：

琱琢入化，而一氣順妙，悲涼生動，無出其右。（卷三。頁一八）

「一氣順妙」，卽指此詩之情感，流貫不脫之義。「古詩評選」評左思「招隱」云：

微作兩折，而立論平善，使氣純滄。（卷四。頁一九）

「使氣純滄」，卽言寫詩時，詩人能將其情感純滄地表達。

詩人情思活動不順不貫的，王夫之則稱爲「礙氣」，如云：

一結自不如鳳凰台，以意多礙氣也。（「唐詩評選」。卷四。頁八）

稱爲「脫氣」，如云：

頷聯一空萬古，雖以後四語之脫氣，不得不留之，看杜詩常有此憾。（同上書。卷三。頁一九）

㈣「氣」指詩人情思活動貫注於作品之感人力量

「氣」字在中國文學評論中，有一個意思指詩人情思活動貫注於作品之感人力量。如韓愈（七六八—八二四）「答李翊書」云：

氣，水也；言，浮物也。水大，而物之浮者大小畢浮。氣之於言猶是也，氣盛則言之短長與聲之高下者皆宜。

王夫之詩論作品中之「氣」字，亦具此意。如評高啓「送謝恭」云：

刻劃化盡，大氣獨昌，正使尋聲索色者，不得涯際。（「明詩評選」。卷五。頁九）

又評蕭子良（四六〇—四九四）詩云：

齊梁之病，正苦體跼束而氣不昌爾。文者，氣之用，氣不昌則無文。（「古詩評選」。卷五。頁一七）

「氣昌」，指的就是詩人情思活動力之昌大，而這正是作品感人的關鍵。

對這情思活動貫注於作品之感人力量，王夫之亦稱之「氣勢」，如評高適「薊門」云：

達夫善使氣勢，唯於短章能養其威。一往欲盡，則捲起黃河向身瀉，直爲梁家弄童而已。（「唐詩評選」。卷二。頁七）

或單稱之爲「勢」，如評曹學佺「登未上已李子業直社城樓卽事」云：

此石倉老筆枯勁中，自挾風雨之勢。（「明詩評選」。卷六。頁三〇）

㈤「氣」指詩人表露其情性之風度，猶今之「風格」

王氏詩論作品中「氣」字之另一個意義，猶今所言之「風格」。所謂風格，穆理（J. Middleton Murry）云：

風格（Style）必須是因人而異的，因為它是表露人之內心感受之個別狀況之方式。（註三七）

路克斯（F.L.Lucas）亦云：

風格（Style）是……第一，一個人之寫作方式，更推廣地說，是他表達其自身的方式，這不僅指語言方面，亦指文字方面。（註三八）

王氏評高叔嗣（一五〇一——一五三七）「秋情」云：

一片俊偉之氣，欲空今古，皮相驚空同之沖突，遂以傖玠目之，誰謂王元美有眼。（「明詩評選」。卷四。頁三二）

「俊偉之氣」，即指詩人通過此詩之文字所呈現之高俊壯偉之風格。評虎丘鬼「題虎丘山石壁」云：

開合平順，唐人作古詩者，眉稜如鐵，肩骨如峰，皆鬼氣也，此獨有生人之理。（「唐詩評選」。卷二。頁二二）

「鬼氣」，即指唐人所作古詩呈現之眉稜如鐵、肩骨如峰的風格。

㈥「氣」指未受理性薰陶之生理性之內心活動

「氣」在中國典籍中，有一個意思乃指未經理性薰陶之生理性之內心活動。如「列子」云：

紀消子爲周宣王養鬥鷄，十日而問：「鷄已乎？」曰：「未也，方虛憍而恃氣。」（註三九）

「恃氣」，卽言此鷄雖受訓練，但未能冷靜應敵，仍恃其生理之情性之意。對此類內心活動，先秦典籍常用「血氣」稱之。「血」與生理有關，「氣」乃生命之憑依，合而有生理性地但却是生命所憑依之內心活動的含義。王夫之用及「血氣」一詞，亦具此意，如「詩廣傳」云：

不肖者之縱其血氣以用物，非能縱也，遏之而已矣。（卷四。頁一一二）

又云：

氣之動也，從血則狂，從神則理，故曰：君子有三戒，戒從血之氣也。（卷三。頁九三）

(七)「氣」指充沛洋溢之生命氣息

「明詩評選」評王稱（一三七〇—一四七五）「感遇」云：

氣度閒整，自是孟揚長技，顧往往失之弱緩。「感遇」兩篇，奕偉特有生氣。（卷四。頁二一四）

「弱緩」則力弱不振，「奕偉」則可予人有充沛洋溢之生命力之感覺，故云：「奕偉特有生氣」。「生氣」卽指洋溢充沛之生命氣息。除「生氣」外，王氏亦用「活氣」稱之。如評曹叡「詠燕」云：

平固自有活氣。（「古詩評選」。卷二。頁三）

丁、釋「神」

(一)「神」指描繪對象之本質，此本質亦係使此描繪對象生動之所在

劉義慶「世說新語」「巧藝篇」云：

顧長康畫人，或數年不點目睛，人問其故。顧曰：「四體姸蚩，本無關於妙處，傳神寫照，正在阿堵中。」（註四〇）

以「四體姸蚩」，無關妙處，能表露描繪對象之本質（傳神），並使此對象生動無比的，是眼睛，即以「神」指描繪對象之本質。

王夫之所用之「神」字，亦有此意。「夕堂永日緒論內編」云：

含情而能達，會景而生心，體物而得神，則自有靈通之句，參化工之妙。（「清詩話」。頁一四）

「體物而得神」，卽言能就「物」而把握其本質（得神），進行寫作，所成作品，自然有靈通之句與參化工之妙了。

王夫之亦用「傳神」以說明此種寫作表現。如「詩繹」云：

「花迎劍佩」四字，差爲曉色朦朧傳神，而又云：「星初落」，則痕跡露盡。（同上書。頁五）

又評高啓「送石明府之崑山」云：

五六寫循吏，傳神生色。（「明詩評選」。卷五。頁八）

㈡「神」指人物或作品柔和飄逸之風格

魏晉六朝賞鑑人物，常用「神」字以喻人物柔和飄逸之儀態。有時爲突出此柔和飄逸之特色，更於「神」之上加「風」字以說明。例如「世說新語」，「風神」一詞凡五見，均指人物柔和飄逸之儀態。王夫之論詩作品，提及「風神」者，亦作此用。「夕堂永日緒論內編」云：

王敬美風神蘊藉，高出元美上者數等，而俗所歸依，獨在元美，元美如吳夫差，倚豪氣以爭執牛耳，勢之所凌灼，亦且如之何哉！

「風神蘊藉」，與「倚豪氣與爭牛耳」之作風相反，指的就是柔和飄逸的風度。

「古詩評選」評張正見「劉生」：

一結風神特遠。（卷六。頁一〇）

則是就作品，稱讚該詩結句所表露之風格，特爲優遠飄逸。

王夫之亦有用「神韻」一詞以形容作品之有柔遠飄逸之風格者。如評謝靈運「從斤竹澗越嶺溪行」云：

謝詩亦往往分兩層說，且如此詩，用「想見」二字不換氣直下，是何等蘊情，抑知詩無完體，存乎神韻而已。（同上書。卷五。頁六）

㈢「神」指不沾不染、離形脫迹之心靈活動

「莊子」「養生主篇」，庖丁自言其解牛的妙術云：

以神遇而不以目視，官知止而神欲行。（註四一）

此「神」字卽指人與牛間之隔膜打通，心與官知的制約消解之心靈活動。文學評論作品提及「神」字，其中一個意義卽指這種不受官知制約，離形脫迹的心靈活動。劉勰言「神思」爲「形在江海之上，心存魏闕之下」，司空圖言「行神如空」，都是如此。王夫之亦然。評祝允明「前緩聲歌」云：

字字神行，人以爲迹，晉宋人得此，卽空一代。（「明詩評選」。卷一。頁一）

「字字神行，人以爲迹」，可知「神行」不落形迹，「神」指的就是不沾不染，離形脫迹之心靈活動。

故王氏又常云：

神行非迹。（「唐詩評選」。卷三。頁一九）

駸入唐製，而有神行象外之妙。（「明詩評選」。卷一。頁一）

㈣「神」指冥冥之中之主宰

「詩廣傳」云：

於旅也語，故烈文而可以語矣。無言者，事神者也。有言者，治人者也。合神於人，不遠神於幽也。合人於神，不蔪人於明也。（卷五。頁一五〇）

以「事神」與「治人」並言，神幽人明，此神卽指冥冥之中之主宰。

㈤「神」指超越人力施爲與認識之力量

「神」是冥冥之中之主宰，法力無邊，因此，中國人對一些超越人力所可施爲，所可認識之現象或力量，亦稱之以「神」。如天上出現不尋常的，在人類認識範圍以外的雲彩，人們就稱爲「神氣」；並非人力所能完成之作品，就稱爲「神工」；非人力所可造成之功績，就稱爲「神功」。王夫之詩論作品之「神」字，亦有此方面之應用。如評岑參「胡笳歌送謝眞卿使赴河隴」云：

四用胡笳，各不相承，有如重見叠出，而端緒一如貫珠，腕下豈無神力？（「唐詩評選」。卷一。頁七）

評吳均「行路難」云：

「至尊離宮」一轉，初不作大掀翻，而出入離合之妙，正自在人心胸中，乃復無從找覓，必辨此神技，方可作「行路難」。……（「古詩評選」。卷一。頁三二）

(六)「神」指經受薰陶澄化之人心活動

釋氣一節我們談及「血氣」，我們說那是生理的，未受薰陶的內心活動。本則所說的「神」，其義恰相反。「詩廣傳」云：

氣之動也，從血則狂，從神則理。（卷三。頁九三）

「神」恰與「血」對舉，此「神」字卽指經受薰陶澄化之心靈活動。其表現之姿，亦與「血氣」之浮躁不同，其特色爲舒暢，故「詩廣傳」又云：

欲治不道之情，莫若以舒也。舒者，所以沮其血之躁化，而俾其氣暢其清微，以與神相邂逅者也。（同上。）

戊、小結

以上舉了王夫之詩論作品中之「情」、「意」、「氣」「神」等用語加以闡釋，讀者由此可知這些用語含義之複雜、用法之多樣，同時也應該會同意：倘若對這些用語的含義不仔細地區分，如將「

情」字逕以「情感」解之，「意」字逕以「意義」解之，不僅不能了解王氏的言論，反而會誤解他的見解，更遑論精詳地勾劃分析其詩論。

所以說：欲分析文學評論作品，應先重視這些作品所存在之用語問題，面對它，盡量解決它，然後才能比較正確地揭示論者之詩觀。

【附註】

註　一：見本書附錄一：「王敔薑齋公行述補證」。

註　二：見本書附錄二：「王夫之著述書目」。

註　三：見本書附錄三：「王夫之詩選體制分類統計」。

註　四：「四庫全書總目提要」評「詩經稗疏」所附之「詩釋」云：「贅以『詩釋』數條，體似詩話，殆猶竟陵鍾惺批評『國風』之餘習，未免自穢其書，雖不作可矣。」該書卷十六。頁二四。台北藝文印書館。一九六九。

註　五：見王啓源「談藝珠叢」。長沙玉尺山房本。清光緒十一年（一八八五）。

註　六：鄧顯鶴「船山著述目錄」當將「詩釋」、「夕堂永日緒論內編」、「南窗漫記」合稱爲「薑齋詩話」。見「船山遺書」所附鄧文。在性質上，「南窗漫記」實與「詩釋」、「夕堂永日緒論內編」不同。故丁福保「清詩話」中之「薑齋詩話」，只取後二者，而不取前者。見丁福保「清詩話」。台北藝文印書館。

註　七：中華書局所重印之「清詩話」，較丁福保所編者，少了「揮麈詩話」一種。郭紹虞「清詩話前言」述刪除此書之因乃其非清人著述。見中華書局版「清詩話」頁三。

註　八：見「夕堂永日緒論序」頁一。「船山遺書」。

註　九：見鄧顯鶴「船山著述目錄」。「船山遺書」附。

註一〇：見張西堂「王船山學譜」。頁一九〇至一九一。台北商務印書館。一九六五。

註一一：見註九。

註一二：「王船山學術討論集」。頁五〇一。王敔學生曾載陽言王氏之詩評詩論作於暮年。一些詩論性的作品如「夕堂永日緒論」作於七十二歲時，「南窗漫記」作於七十歲，因此，三種詩評選當作於七十歲時或之前。唯周文以「夕堂永日八代詩選」與「古詩評選」爲二書，其實一耳。張西堂「王船山學譜」有云：「（夕堂永日八代詩選六卷），瀏陽劉氏刻本及新印本改題爲『古詩評選』。」該書頁一九〇。

註一三：見劉人熙「古詩評選序」。太平洋書店排印本「船山遺書」。

註一四：「王船山學術討論集」。頁四九九。

註一五：王孝魚「點校說明」。「詩廣傳」頁二。中華書局。

註一六：曾國藩「船山遺書序」云：「道光十九年，先生裔孫世全始刊刻百五十卷。新化鄧顯鶴湘皋實主其事，湘潭歐陽兆熊曉晴贊成之。咸豐四年，寇犯湘潭，板燬於火。」見曾刻本「船山遺書」。

註一七：四則未刊稿爲該書卷一「王風」則一。見「詩廣傳」頁三三。卷三「小雅」則四一。該書頁九七至九八。「小雅」則四四。該書頁一〇〇。「小雅」則四五。該書頁一〇〇。因此，中華書局版之「詩廣傳」較之其他各本完善。

註一八：見周調陽「王船山著述考略」。「王船山學術討論集」頁五一三。

註一九：同上書頁五一六。

註二〇：見段玉裁「說文解字注」。卷八。頁二。

註二一：見「說文解字詁林」。卷四。頁一六七三。台北藝文印書館。一九七〇。

註二二：「易」「屯卦」「君子幾」。「疏」云：「凡幾微者，乃從無向有，其事未見，乃爲幾也。」「周易注疏」卷一。頁三〇。「十三經注疏」。王弼注「幾者動之微」亦云：「幾者，去無入有，有理而無形，不可以名尋，不可以形覩者。」同上書。卷八。頁一二。

註二三：周敦頤「通書」「誠幾德」云：「誠無爲，幾善惡」。

註二四：見「張子正蒙注」「太和篇」。該書頁二二。中華書局。一九五六。

註二五：「四書訓義」。卷八。頁十三。「船山遺書」。太平洋書店排印本。一九三三。

註二六：王氏之見本莊子與張載。其說見「張子正蒙注」。頁五及七。

註二七：「讀四書大全說」。卷十。頁三三。

註二八：「毛詩注疏」。卷一之一。頁五。「十三經注疏」。

註二九：范文瀾注「文心雕龍注」。卷七。

註三〇：托名王維所撰之「山水論」，有「凡畫山水，意在筆先」之句。該書頁一。人民美術出版社。一九五九。張彥遠「歷代名畫記」亦云：「筆存意先，畫盡意在也。凡事之臻妙者，皆如是乎？」「美術叢刊」頁一六。

註三一：見蘇軾「篔簹谷偃竹記」。「經進東坡文集事略」卷四九。頁八一三。文學古籍刊行社。一九五七。

註三二：朱光潛「詩的境界」。「詩論」頁四六。台北正中書局。一九六七。

註三三：唐君毅「中國哲學原論」「原性篇」。頁一一六。香港新亞書院研究所。一九六八。

註三四：詳拙文「典論論文『文以氣爲主』之『氣』字疏釋」。「新社學術論文集」第二輯。頁五五至六三。一九七九。

註三五：徐復觀「中國文學中的氣的問題」。「中國文學論集」，台中民主評論社。一九六六。

註三六：稱變化流動之宇宙現象爲「氣」的，如「左傳」云：「天有六氣。」依杜預註，六氣指陰陽風雨晦明之現象；稱人類自身具有流動變化之現象爲「氣」的，如人之呼吸，「玉篇」：「氣，息也。」「增韻」：「息，一呼一吸爲一息。」

註三七：*The Problem of Style*, P.19.

註三八：*Style*, pp.15-16, Cassell, London, 1955.

註三九：楊伯峻「列子集解」。卷二。頁五三。香港太平書局。一九六五。

註四〇：劉義慶「世說新語」卷下。頁三四。中華書局。

註四一：「莊子集解」。卷一。頁一九。

第三章　王夫之詩觀論析

闡釋王夫之詩論詩評的主要用語時，已發現這些用語語義一經闡釋，王氏詩論之主要脈絡已宛然可尋，再結合王氏之其他論詩文字，更可發現其詩論自有一套體系。以下將針對王氏對詩之情感，詩之意境，詩之言與意之關係，詩之寫作手法，詩之鑑賞與詩壇風氣等方面所提出之意見，作進一步的分析。

一、王夫之論詩的情感

「情」字在王夫之詩論中，佔着相當重的份量。「詩廣傳」一書，其中心所討論的，即爲「情」的問題，而詩話作品「詩繹」、「夕堂永日緒論內編」以及各種詩評選，論及此一命題者亦多。

王夫之之詩論之情感，與他對一般人心活動的看法有密切的關係。可以說，他係由對一般人心活動之理解，進而提出他對詩之情感之要求。欲論析王氏對詩之情感之意見，必須先分析他對一般人心活動之看法。

甲　論一般人心活動

㈠、人心活動之善與不善

王夫之在「詩廣傳」中，常以「善」與「不善」之標準來分析一般人心活動。歸納之，他對人心活動之「善」與「不善」之區分，有以下的態度與內容：

(1)由其宇宙觀點與天人關係之見解論人心活動之有「善」與「不善」

王夫之認爲：情是陰陽之幾，是宇宙本體也就是陰陽二氣之變合。（註一）宇宙本體本無不善，其不善係由其變合所造成。所以「讀四書大全說」云：「純然一氣，無有不善，則理亦一也。且不謂其善，而但可謂之誠。有變合則有善，善者卽理；有變合則有不善，不善者謂之非理。」（卷十。頁三）又云：「天不能無生，生則必因於變合，變合而不善者或成。」（卷十。頁一）王氏又以爲。宇宙萬物皆由二氣所化成：「二氣之動，交感而生，凝滯而成物我之萬家。」（「張子正蒙注」。頁二三）人也是如此，所以他說：「人物之生，一原二氣至足之化。」（「周易內傳」。卷五。頁九）人是二氣所化生，自具有二氣之特色。人心之本體，由於具有二氣之特色，故無不善。所以「讀四書大全說」云：「氣之化而人生焉，人生焉而氣成焉。……就氣化之成于人身，實有其當然者則曰性。」（卷十。頁三三）「性」無不善，而「情」則有善與不善，所以王氏說：「其在人也，性不能無動，動則必效於情才，情才而無必善之勢矣。」（同上書。卷十。頁一）因此，他形容「情」居於善惡貞淫之間。「詩廣傳」云：「貞亦情也，淫亦情也。情受於性，性其藏也。乃迨其爲情，而情亦自藏矣。藏者必性生，而情乃生欲，故情上受性，下授欲。」（卷一。頁二三）「情」既居於善惡貞淫之間，自有善，有不善。這種以人心活動之體，用關係來說明人心活動之善與不善，是王氏人性論的一個特色。

(2)就外界事物的影響以論人心活動之有「善」與「不善」。「詩廣傳」云：

> 有識之心而推諸物者焉，有不謀之物相值而生其心者焉。知斯二者，可與言情矣。（卷二。頁六八）

王夫之以「可與言情」之條件在於不僅須明瞭內心活動可以影響外界的事物，亦應識及外界的事物也可以引起人心的波動。言下之意，即承認人心活動與外間事物有相互感染的作用。王氏認爲：外界的事物並一定不善，但於觸及人心，影響此心之波動時，則會產生善與不善的人情了。關於這一點，「詩廣傳」沒有具體的意見，但「讀四書大全說」云：

> 孟子曰：「若夫爲不善，非才之罪也。」不善非才罪，罪將安歸耶？集註云：「乃物欲陷溺而然。」而物之可欲者，亦天地之產也。不責之當人，而以咎天地自然之產，是猶舍盜罪而以罪主人之藏矣。毛嬙、西施，魚見之而深藏，鳥見之而高飛，如何陷溺魚鳥不得？牛甘細草，豬嗜糟糠，細草糟糠，如何陷溺人不得？然則才不任罪，性尤不任罪，物欲亦不任罪，其能使爲不善，罪不在情，而何在哉？（卷十）

外物能引起人心之波動，人心波動之有善與不善，咎不在外物，而在此心活動之性質。

(3)就人心活動之是否爲大衆公理以言此心活動之有「善」與「不善」

「詩廣傳」云：

詩言志，非言意也。詩達情，非達欲也。心之所期爲者志也，念之所覬得者意也，發乎其不自已者情也，動焉而不自待者欲也。意有公，欲有大。大欲通乎志，公欲準乎情。但言意，則私而已；但言欲，則小而已。人既無以自貞，意封於私，欲限於小，厭然不敢自暴，猶有媿作存焉。（卷一。頁二二）

由此段，可知王氏雖以人心活動有「善」與「不善」，但不完全否定「情欲」。他關心的是人心活動的性質，究竟是爲私的，或是爲公的？是爲大的，或否是爲小的？「公」、「私」、「大」、「小」向來是中國學者用以代爲是爲大衆人群的利益，或是爲少數人的作爲，爲合乎天理或者是違反天道的觀念。王夫之的態度也是如此。他認爲情欲若是爲大衆公理，則是屬於「公」的「大」的，若是爲一己的利益，則是屬於「私」的、「小」的。他就是根據這一原則以論人心活動之「善」與「不善」。

(4)就人心活動之是否經過理性之薰陶以言此心活動之有「善」與「不善」。

王夫之以爲：人心活動未發動時，不可以善惡言。但發動之後，則可「善」「惡」之分。故「詩廣傳」云：

情附氣，氣成動，動而後善惡馳焉。（卷三。頁九三）

然而，他又以發動後之人心活動，如果沒有經過理性之薰陶與克制的功夫，而純粹是原始性的，生理性的情感，是「不善」的人心活動。他嘗指出這種未經理性薰陶的生理性情感的破壞作用道：

氣之動也，從血則狂。……六腑之氣，剽疾之質，速化而成血，挾其至濁而未得清微者以乘化，而疾行於官竅之中。濁，故不能久居而疾，未然清微，故有力而剽。是故陰，柔也，而其用常很，很非能剛也，迫而已矣。血者，六腑之躁化也。氣無質、神無體，固不能與之爭勝，挾持以行而受其躁化，則天地清微之用隱矣。（卷三。頁九三）

他稱這種情感爲「血氣」，並云：

不肖者之縱其血氣以用物，非能縱也，遏之而已矣。（「詩廣傳」。卷四。頁一一二）

爲「浮用其情」，並云：

淫於情者浮用其情，而以血氣之遷流爲消長，弗顧天矣。（卷二。頁五五）

「詩廣傳」卷二更將情欲與血氣一塊敍述，而慨嘆君子尙無法根絕血氣，更何況是一般人。其言云：

情欲，陰也；殺伐，亦陰也。陰之域，血氣之所趨也。君子弗能絕，而況細人乎？（卷二。頁五六）

相反的，經過理性薰陶的人心活動，則是合乎理的。「詩廣傳」云：

氣之動也，從血則狂，從神則理。（卷三。頁九三）

這種人心活動，不是狂妄與躁迫以出，而是舒緩的。王夫之非常稱讚以舒的方式來矯正狂妄躁迫的血氣。「詩廣傳」云：

欲治不道之情者，莫若以舒矣。舒者，所以沮其血之躁化，而俾其氣暢其清微，以與神相遇者也。（卷三。頁九三）

⑸就人心活動之不過與不能不及之標準以分辨此心活動之「善」與「不善」。

「詩廣傳」云：

無太過之道而有太過之情。太過之情必成有不及，則亦惡得有太過之情耶？（卷三。頁一〇一）

以「太過之情」與「道」相對。此情卽指不合乎善的標準的人心活動。「情」太過必成不及，因此，他反對詞色之厲的情感。「詩廣傳」曾推廣「召南」「野有死麕」之「舒而脫離兮，無感我帨兮，無使尨也吠」一語之義云：

脫離以進前，將感其帨，將吠其尨，可厲色以責矣，而猶弗厲。大貞者，不恃聲色之厲也。

（卷一。頁一二）

反對悁急的情感。「詩廣傳」云：

以悁急而盡天下之情，則天下之情躁以薄。（卷四。頁一四二）

反對盈驕的情感。同書云：

傳曰：「衰至而驕。」何言之？驕者，盈之徵也。血溢氣銳，險阻不知，而多求於物，皆盈者之召驕也。……衰而驕，驕而衰不可振。衰中於身，其身不令；衰中於國，其國不延。枵然不竅，風起籟鳴，怒號而遽止。苟其有祚心而挾生人之氣者，弗屑久矣。（卷四。頁一四二）

反對「競」「狎」之情。同書云：

悍婦之情競，艷妻之情狎，婦道亡矣。（卷一。頁三一）

反對「私」「小」之情。同書云：

人卽無以自貞，意封於私，欲限於小。（卷一。頁二二）

反對不貞之情。同書云：

無大故而激，不相及而憂，私憤而以公理爲之辭，可以有待而早自困，耳食鮑焦、申徒狄、屈原之風而呻吟不以其病，凡此者惡足以言性情哉？（卷一。頁三二）

反對一往氾蕩之情。同書云：

淫者，非謂其志於燕媟之私也。情極於一往，氾蕩而不能自戢也。（卷三。頁一〇八）

相反的，他在「四書訓義」指出：

夫人之有樂有哀，情之必發者也。樂而有所止，哀而有節，則性之在情中者也。以其性之正者發而爲情，則爲樂爲哀，皆適如其量；任其情而違其性，則樂之極而必淫，哀之至而必傷。夫因詩以起樂，於樂而用詩，所以興起人之性情，而使歆於爲善之樂，其不可使蕩泆而流於淫與傷也明矣。（卷七。頁一六）

所以他稱讚不過而又不會不及的情感。「詩廣傳」云：

貞於詩者，怨而不傷，慕而不暱，誹而不以矜其氣，思而不以其私恩也。（卷一。頁一八）

也稱讚能夠自戢以使情感合乎中道者。同書云：

自戢云者，非欲其厓㒿戌削以矜其清孤也。流意以自養，有所私而不自溺，託事之所可有，以開其菀結而平之也。能然，則情摰而不滯，氣舒而非有所忘，蕭然行於憂哀之塗而自得。自得而不失，奚淫之有哉？（卷三。頁一〇八）

⑹就人心活動對社會國家之影響以言此心活動之有「善」與「不善」。

王夫之認爲人心活動之善與不善，足以影響社會國家之治亂與興亡。「詩廣傳」嘗於評及「采葛」一詩之情感時，論及此點：

「采葛」之情，淫情也。以之思而淫於思，以之懼而淫於懼，天下不能爲之正其時，人不能爲之副其望，耳熒而不聽，目啟而不明，心眩而不戢，自非淫於情者，未有如是之亟亟也。……桓王之世，臣主上下之間，胥如此也。身心無主而不足以長者，國奚而不敝，俗奚而不穨耶？（卷一。頁三七）

而一國之興衰，亦可由國民之情感知其梗概。「詩廣傳」論及「北山」詩嘗云：

故夫爲「北山」之詩者，知己之勞，而不恤人之情，知人之安而妒，而不顧事之可，誣上行私而不可止，而周之亡不可挽矣。（卷二。頁九九）

㈡、人心活動之治導

人心活動既然有善與不善，它影響個人，也影響國家社會與民生，因此，人心活動之治導自成爲王氏言論中之重要意見。「讀四書大全說」卽云：

不善雖情之罪，而爲善則非情不爲功。（卷十。頁一〇）

「詩廣傳」亦云：

可以爲善者情也。（卷一。頁二七）

王氏並非一口咬定人心活動爲不善，而認爲其有善有不善，卽使是在欲望中，也有善的成份存在。所謂「性一於善，而情可以爲善，可以爲不善也。」（註二）以及「詩言志，非言意也；詩達情，非達欲也。……意有公，欲有大。大欲通乎志，公意準乎情」（註三），就是這個意思。

王氏以爲：人心活動旣然有善與不善，因此不能一味懲絕情欲。懲絕情欲將使情欲旁流，以致遷移心性而不自知。「詩廣傳」云：

忠有實，情有止，文有函，然而非其匿之謂也。……匿其哀，哀隱而結；匿其樂，樂幽而耽，耽樂結哀，勢不能久而必於旁流，旁流之哀，懰慄慘憯以終乎怨，怨之不恤，以旁流於樂，遷心移性而不自知。（卷一。頁一）

「周易外傳」亦指出懲絕情欲之不良後果云：

性主陽以用壯，大勇浩然，亢王侯而非忿；情賓陰而善感，好樂無荒，思輾轉而非欲。而盡用其懲，益摧其壯；竟加以窒，終絕其感。

他反對釋家，其中一個原因卽在於此。「詩廣傳」云：

釋氏窒情而天下賊恩，狺狺以果報怖天下，天下怖而不知善之樂，徒賊也，而奚救乎？（卷二。頁四三）

王氏也不主張縱情，以爲縱情的一個方面，則會忽略此情的其他方面。對其他方面的情來說，則是遏而不是縱。「詩廣傳」說：

不肖者之縱其血氣以用物，非能縱也，遏之而已矣。縱其目於一色，而天下之群色隱，況其未有色者乎？縱其耳於一聲，而天下之群聲閟，況其未有聲者乎？縱其心於一求，而天下之群求塞，況其不可以求求者乎？（卷四。頁一一二）

因此，王氏主張治情，但治情必須妥善，治情不當，影響之鉅，甚至會導致一國的覆亡。「詩廣傳」云：

有「君子于役」之勞，則有「揚之水」之怨；有「揚之水」之怨，則有「兔爰」之怒。下叛而無心，上刑而無紀，流散不止，夫婦道苦，父母無恒，交謗以成于衰周，情蕩而無所輯，有如是。故周以情王，以情亡，情之不可恃久矣。是以君子莫慎乎治情。（卷一。頁三五）（註四）

然而，應當如何治情呢？王氏建議以「止」治情。「詩廣傳」云：

忠有實，情有止，文有函，然而非其匿之謂也。（卷一。頁一）

同書又云：

故曰：發乎情，止乎理。止者，不失其發也。有無理之情，無無情之理。（卷一。頁二一）

則知所謂「止」，是指不受窒絕匿藏的，能不非薄人心活動之始發而加以疏導，以使它合乎理、合乎肯定標準的治情活動。

王氏也建議以「節」治情。「詩廣傳」云：

智以勇，君子之情以節；不拒而抑無訢焉，天下之情以止。君子匪無情，而與道同情者，此之謂也。（卷一。頁一〇）

君子能「節」情，則可與道同情。此段文字中，值得注意的是「止」與「節」並列，知兩者俱寓治導人情以合乎善之義，但細辨之，猶有不同。「節」表示自節，即對自身內心活動之治導，故云：「君子之情以節」。「止」表示止人，即對天下人內心活動之治導，故云：「天下之情以止。」

王氏還建議，欲治天下之情，必須把握對象之實際情況，善於把握啓閉之道而加以處理。「詩廣傳」云：

情欲，陰也；殺伐，亦陰也。陰之域，血氣之所樂趨也，君子弗能絕，而況細人乎？善治民者，思其啓閉而消息之，弗能盡閉也，猶其弗能盡啓也。（卷二。頁五六）

並舉例說明這個道理：

故昔者公劉之民嘗彊矣，因乎戎而駤戾未革也；周之先王閉之於殺伐，而啓之於情欲，然後其民也相親而不競，「二南」之所以爲天下仁也。逮乎幽厲之世，民已積柔，而慆淫繼之，殺伐之習，弗容閉矣。秦人乘之，遂閉之於情欲，而啓之於殺伐，於是其民駤戾復作，而忘其慆淫。

婦人且將競焉，秦風所以爲天下雄也。（卷一。頁五六）

同時，也建議以「舒」的方式治導人情。「詩廣傳」云：

欲治不道之情者，莫若以舒也。舒者，所以沮其血之躁化，而俾氣暢其清微，以與神相邂逅者也。古之君子，食不極味，目不極色，耳不極聲，居不極安；大陰之產，不盡其用；六府之調，不登其剽疾；弱其形，微其氣，迓其神，勿益其陰，所以豫養其舒也，不道者之故未有此也。（卷三。頁九四）

相反的，以悁急的方式治導人情，則會得到反效果。「詩廣傳」云：

以悁急而盡天下之才，則天下之才疑以沮；以悁急而盡天下之情，則天下之情躁以薄；非知道者而以求益於天下，益天下以險而已矣。（卷一。頁五五）

「非知道者而以求益於天下，益天下以險而已矣」一語，則又點出治導人情者本身亦須具備「知道」的條件。

總之，王氏以人心活動有善有不善。不善的情欲中亦有善的成份存在，因此對於人心活動，不應加以節制或者予以放縱，而應加以治導。欲治導人心活動，對自己來說，應「節」；對天下人來說，應「止」；並且應當把握對象的實際情況加以治理。他建議治情的方式，宜采用「舒」的方式，而不是「悁急」；以悁急的方式治情，則將取得反效果。

乙　詩與情感的關係

㈠、情感是詩的要素

繼承「詩大序」一脈傳下的「詩言志」的觀念，王夫之亦以詩與詩人的內心活動關係密切。詩是詩人情感流露的產物，情感是詩的重要質素。故「薑齋六十自定稿自敍」云：

詩言志。又曰：詩以道性情。……人苟有志，死生以之，性亦自定，情不能不因爾。（「王船山詩文集」。頁一九〇。中華書局）

「古詩評選」評李陵（？—西元前七四年）「與蘇武詩」亦云：

詩以道情。道之爲路也。詩之所至，情無不至。情之所至，詩以之至。（卷四。頁五）

在談及詩與其他文體的區別時，就經常強調詩的言情特色。如「明詩評選」評徐渭「嚴先生祠」云：

詩以道性情，道性之情也。性中儘有天德、王道、事功、節義、禮樂、文章，却分派與「易」、「書」、「禮」、「春秋」去，彼不能代詩而言性之情，詩亦不能代彼也。（卷五。頁三九）

「詩繹」亦云：

陶冶性情，別有風旨，不可以典册、簡牘、訓詁之學與焉也。（「薑齋詩話」。卷上。「清詩話」。頁一）

評古詩「上山采蘼蕪」時，他也本着詩應言情的見解，說明詩與史性質的不同，認爲：

史才固以隱括生色，而從實著筆者自易；詩即事生情，即語繪狀。（「古詩評選」。卷四。頁四）

並指出以史的方法寫詩是有危險的。他說：

一用史法，則相感不在言和永聲之中，詩道廢矣。（同上）（註五）

杜甫以文爲詩，他非常不滿，並評云：

决破此疆界，自杜甫始，桎梏人情以揜性之光輝，風雅罪魁，非杜其誰耶？（「明詩評選」。卷五。頁三九）

他也不滿前人之譽杜詩爲詩史，說道：

杜子美作「石壕吏」，每于刻劃處，猶以逼寫見眞，終覺于史有餘，于詩不足。論者乃以詩史譽杜，見駝則恨馬背之不腫，是則名爲可憐憫者。（「古詩評選」。卷四。頁四）

因此，他力斥那些不理詩之情感要素，而專在詩中發議論，講道理的作品。如評唐宋的詩風云：

詩固不以奇理爲高，唐宋人于理求奇，有議論而無歌詠，胡不廢詩，而著論辯也。（「古詩評選」。卷五。頁五）

然而，對詩人能結合詩情而入理，能先立風旨而議論，他倒是贊成的。「古詩評選」評陸機「贈潘尼」云：

詩入理語，惟西晉人爲劇，理亦非能爲西晉人累，彼自累耳。詩源情，理源性，斯二者豈分轅反駕哉？不因自得，則花鳥禽魚累情尤甚，不徒理也；取之廣遠，會之清至，出之修潔，理顧

不在花鳥禽魚上邪？平原茲製，詎可云有註疏括帖氣哉？（卷二。頁八）

同書評張載「招隱」詩云：

議論入詩，自成背戾，蓋詩立風旨以生議論，故說詩者於興觀群怨而皆可。若先爲之論，則言未窮而意已先竭，在我已竭而欲己生人之心，心不往矣。（卷四。頁二六）

對詠物詩，也表示同樣的態度，主張應挾帶情感描寫，否則是謎而非詩。「古詩評選」評繁欽（？—二一八）「詠蕙」云：

古之詠物者，固以情也，非情則謎而不詩。（卷四。頁一四）

由前面的分析，可知王氏對詩之情感質素之重視。

㈡、詩的疏導人情的作用

上一節曾經說及王夫之主張治情，以使本身與天下人之內心活動趨向於善。本節擬再進一步敍述他對詩在疏導人情作用之看法。

在「詩廣傳」中，他提出在治情上，「情爲至，文次之，法爲下」的看法。所謂「法爲下」，即謂如以法來強制治情，法高高在上，而要人們去尊奉它來改變自己的情性，其效果是不大的。「詩廣傳」云：

法以自高而卑天下。卑天下而欲天下之尊己，賢者懟，不肖者靡矣，故下也。（卷一。頁八）

因此，他主張以「情」與「文」來治情。理由是：

情以親天下者也，文以尊天下者也。尊之而人自貴，親之而不必人之不自賤也。（同上）

然而，他又以爲：「情，非聖人弗能調以中和者也。」對一般有學養的君子文士來說，既不能直接以情治情，則只有求之於「文」了。所以王氏又說：「君子之以節情者文焉而已。」（同上）

然而，君子之於文，並非止於自節其情而已，還可以之疏導天下之情。所以王氏言詩的作用，亦曾云：

詩者，所以盪滌惉滯，而安天下於有餘者也。（卷一。頁三）

在「詩廣傳」中，他分析「詩達情」的含義，「達」的其中一個含義就具有以詩來治導人們的情性的意思。其言云：

將欲與之言，因其情以盡之，不得其情，不可盡也。將欲與之言，匡其情而正之，苟非其情，非所匡也。……故曰詩達情。（卷二。頁四三）

言外有欲「匡」「盡」人們之情，須視其情之實際情況進行，不了解疏導對象的情況，則不能起任何的作用的意思。「詩廣傳」中，王氏更以「七月」與「東山」之詩例來說明這一點：

「七月」，勞農也；「東山」，勞兵也。……假令以「東山」而勞其農，是泆農而狂之矣，有勤農焉，必不受也。假令以「七月」而勞其兵，是窨兵而疲之矣，有悍兵焉，必不受也。（卷二。頁六七）

王氏肯定詩在感動人心方面有着巨大的作用，「古詩評選」評左思「詠史」云：

風雅之道，言在而使人自動。（卷四。頁一九）

評鮑照「行路難」「君不見，西陵田」一首云：

凡百有心，各如其意而生感。（卷一。頁三二）

也明顯地指出詩在治導人情方面的積極作用。如「四書訓義」云：

夫因詩以起樂，於詩而用詩，所以興起人之性情，而使歆於爲善之樂，其不可使蕩泆而流於淫與傷也明矣。

「夕堂永日緒論序」云：

涵泳淫泆，引性情以入微，而超事功之煩黷，其用神矣。（頁一）

這種對詩的治情作用的看法，更突出地表現在他對「詩教」的理解上。如云：

詩之教，導人於清貞而蠲其頑鄙，施及小人而廉隅未刓，其亦效矣。（「詩廣傳」。卷一。頁二二）

丙　對詩情的要求

詩的作用既然是如此的重大，王夫之當然非常重視詩的情感並提出他的要求。他要求詩情眞摯。「詩廣傳」云：

文者白也，聖人以之自白而白天下也。匿天下之情，則將勸天下以匿情矣。（卷一。頁一）

同書又云：

達人之情，必先自達其情，與之爲相知，而無別情之可疑，則甘有與甘，苦有與苦。（卷一。頁四三）

也要求詩情純正。他說：

詩言志，非言意也；詩達情，非達欲也。（卷一。頁一二）

「明詩評選」評徐渭「嚴先生祠」云：

詩以道性情，道性之情也。（卷五。頁三九）

對寫詩之不表達眞情的，則評爲不足以言性情。「詩廣傳」云：

無大故而激，不相及而憂，私憤而以公理爲之辭，可以有待而早自困，耳食鮑焦、申徒狄、屈平之風而呻吟不以其病，凡此者惡足以言性情哉？匹夫之婞婞而已矣。（卷一。頁三二）

他批評杜詩之憂國，卽本於此。同書云：

……杜甫之憂國，憂之以眉，吾不知其果憂否？（同上）

然而，只是做到情「眞」而無視情「正」，他表示不滿。同書云：

意之妄，忮懟爲尤，幾悻次之。欲之迷，貨利爲尤，聲色次之。貨利以爲心，不得忮，忮而懟，長言嗟歎，緣飾之爲文章而無怍，而後人理亡也。故曰：「宮室之美，妻妾之奉，窮乏之得我，惡之甚於死者，失其本心也。」由此言之，恤妻子之飢寒，悲居食之儉陋，憤交游之炎涼，呼天責鬼，如銜父母之恤，昌言而無忌，非殫失其本心者，孰忍爲此哉！（卷一。頁一二）

他不滿杜詩，另一個原因亦在此。同書云：

若夫貨財之不給，居食之不腆，妻妾之奉不諧，游乞之求未厭，長言之，嗟歎之，緣飾之爲文章，自繪其渴於金帛，沒有醉飽之情，醜然而不知有譏非者，唯杜甫耳。（同上）

甚至對在杜甫之前具有同樣傾向的「北門」詩，以及杜甫之後的韓愈，孟郊、曹鄴等人，也一併斥責。同書云：

甫之所奉爲宗祧者其「北門」乎！故曰：「其政散，其民流，誣上行私而不可止。」「北門」當之矣。是「北門」之淫倍於「桑中」，杜甫之濫百於香奩。不得於色而悲鳴者，其蕩乎！不得於金帛而悲吟，蕩者之所不屑也，而人理亦亡矣。（卷一。頁一三）

又云：

嗚呼！甫之誕於言志也，將以爲遊乞之津也。……甫失其心，亦無足道耳。韓愈承之，孟郊師之，曹鄴傳之，而詩遂永亡於天下。（同上）

王氏主張詩情必須「眞」與「正」，也肯定「眞」與「正」之詩情之表達方式。他以爲：詩情倘若「眞」與「正」，其表達方式必爲含蓄與中和，而不是驕矜激厲。他說：

大貞者，不恃詞色之厲也。（「詩廣傳」。卷一。頁一三）

又說：

……貞於情者，怨而不傷，慕而不暱，誹而不以其矜氣，思而不以其私恩也。（同上書。卷一。頁一八）

基於這態度，在批評詩篇時，就極力稱讚詩情眞摯的作品。如「古詩評選」評阮籍「詠懷」「開秋兆涼氣」一首云：

唯此窅窅搖搖之中，有一切眞情在內，可興、可觀、可怨，是以有取于詩。（卷四。頁一六）

稱讚詩情表達一貫不脫的作品。如讚揚鮑照「代白紵舞歌詞」：

一氣四十二字，平平衍序。（「古詩評選」。卷一。頁二三）

「唐詩評選」評杜甫「秦州雜詩」云：

琱琢入化，而一氣順妙，悲涼生動，無出其右。（卷三。頁一八）

同書評張九齡「感遇」云：

一氣但在情上託筆，翔折不離，俗筆爲之，必於「漢上有游女」下，作數句妝點。（卷二。頁三）

稱讚詩情委婉曲折的作品，如讚揚「毛詩」「小雅」「出車」：

影中取影，曲盡人情之極至也。（「清詩話」。頁四）

讚揚「瑟調曲」「西門行」之詩情本可一言說盡，却往復鄭重，其言云：

意亦可一言，而竟往復鄭重，乃以曲感人心。詩樂之用，正在於斯。（「古詩評選」。卷一。頁三）

讚揚劉基「大墻上蒿行」亦云：

一直九折，竟以舒爲斂。天授，非人力也。（「明詩評選」。卷一。頁三）

稱讚詩情柔緩徐和的作品，如讚揚晉「樂府歌辭」「濁漉篇」：

引之開而愈合，放之緩而愈悲，不爲雅容而自雅，漢魏之遺音也。（「古詩評選」。卷一。頁一八）

評何承天「石流篇」以此詩「跌蕩緩」，故「感人倍深」。其言云：

起興遠，跌蕩緩，感人倍深，頳面戟髯，亦何爲哉？（「古詩評選」。卷一。頁一九）

評周弘讓「留贈山中處士」以此詩除有一句具有鄙態外，其餘各句詩情緩緩，故具有風人之致。其言云：

此種詩最忌鄙野。……此作惟「相看不道姓」一句有鄙態，以其出語卞急故。餘皆緩緩，不失風人之致。（同上書。卷五。頁三九）

王氏常用「和緩」、「平緩」來描繪敘說此種詩情表達方式。如「明詩評選」評胡翰「擬古」云：

一結作全首歸墟，而涵咏平緩，正不作歸墟色，故通體陳王，乃不落陳王排設中。此天壤至文，雲容水派，一以從容見神力，非活剝古人者，得七里外聞香也。（卷四。頁一六至一七）

「唐詩評選」評崔曙「早發交崖山還太宣作」亦云：

學建安體，有須如此和緩。歷下以頳顏盛氣求之，有叱咤而無文章矣。（卷二。頁八）

王氏也稱讚詩情含蓄不露的作品，如「古詩評選」評謝朓「酬王晉德元」云：

宣城於聲情中外，別有玄得。時酣暢出之，遂臻逸品，乃不恤古人風局。顧如此等作，收放含吐，絕不欲奔涌以出，其致自高，非抗之也。（卷五。頁一九）

而「明詩評選」也讚揚高啓（一三三六──一三七四）「隋宮詞」「淋漓中自有含吐」云：

> 詠古以已情摻拌，淋漓中自有含吐，方不入胡曾惡道。（卷八。頁六）

讚揚王穉登「碧雲寺月出贈朱十六短歌」，乃以此詩若情感已流，而猶覺其未吐。其言云：

> 浩汗極矣，大有含情未吐。（卷二。頁一二）

王氏亦用「有忍力」以稱此含蓄之達情方式。「古詩評選」評左思「招隱」「經始東山廬」一首云：

> 微作兩折，而立論平善，使氣純淪，既放而復不遠於心神之間，有忍力，要以成乎作者，「十九首」固有此體製矣。（卷四。頁二〇）

評鮑照「和王義興七夕」亦云：

> 役心極矣，而絕不汎瀾；引滿之餘，大有忍力。（卷五。頁一五）

有時亦稱爲「定忍之力」。同書評楊素「山齋獨坐贈薛內史」云：

> 發端一語逼甚，不得不急承之，顧唐人於此，力已盡而不續，則宕開別求活徑，乃似龍頭象身十足相配，而生之離矣。作者似此，可賴似獅力威力，自閑其意，使一絲一縷，緩緩從箇中帶出，才得生氣徹尾不離，看他「深溪橫古樹」以下，平演八句，定忍之力如此，何憂其不整暇耶？然後「桂酒徒盈樽」，順流而出，結束均安矣。（卷五。頁四四至四五）

有時亦用「有留勢」、「有收勢」來說明此種達情方式的處理。「唐詩評選」評王績「石竹詠」云：

> 得句卽轉，轉處如環之無端，落筆常作收勢，居然在陶謝之先。（卷一。頁一）

「古詩評選」評吳邁遠「遊廬山觀道士石室」云：

此公眞樂府好手，以作五言，生生殆不欲受束錮，乃放誕中固有收勢，則五言之極致，亦止此而已。（卷五。頁一六）

「唐詩評選」評盧象「永城使風」云：

> 筆端但有留勢，非二謝操觚之才，無寧章短而意直，伯有之取精多，用物弘，徒爲厲而已。（卷二。頁七）

「古詩評選」評陶淵明「諸人共遊周家墓柏下」云：

> 筆端有留勢，如此篇章，豈不賢於「方宅十餘畝，草屋八九間」乎？（卷四。頁三二）

而評陸厥「奉答內兄顧希叔」所言尤其明顯。其言云：

> 命筆輕超，已開吳筠柳惲一派。就此派中自有雅俗之異，一往駛健中自有留勢則雅，規恢大、結束不遽則雅。雅者則猶存晉宋風味，俗者則純乎唐矣。（卷五。頁一八）

王夫之甚而以這種眞摯委婉，曲折含蓄的詩情特色，是詩與其他文體有別之處。「唐詩評選」評高適「自薊北歸」云：

> 文章之道，自各有宜。典册檄命，固不得不以爽厲動人于俄頃。若夫絜音使圓，引聲爲永者，自藉和遠幽微動人欣戚之性。（卷三。頁一四）

因此，他反對阻礙不貫的詩情，並稱之爲「礙氣」。「唐詩評選」評崔顥「黃鶴樓」云：

> 一結自不如「鳳凰台」，以意多礙氣也。（卷四。頁八）

「明詩評選」評于愼行「紀賜鮮藕」亦云：

用巧用綴，必致礙氣。（卷六。頁二六）

也稱之爲「脫氣」。「唐詩評選」評杜甫「旅夜書懷」云：

頷聯一空萬古，雖以後四語之脫氣，不得不留之。看杜詩常有此憾。（卷三。頁一九）

反對詩情之逕露直從，褊急呼嚷。「古詩評選」評阮籍「詠懷」云：

緩引夷猶，直至篇終，乃令意見，故以導人聽而警之不煩，古人文字無不如此。後世矜急偏淺，于是而有開門見山之邪說，毆天下以入鄙倍，不以「關雎」「葛覃」言情事之作爲準，而以昊天疾威，搶地嘑天之怨詞爲則，不已倍乎？（卷四。頁一八）

同書評王粲「雜詩」云：

古今有異詞而無異氣。氣之異者爲囂、爲凌、爲荏苒、爲脫絕，皆失理者也。……若世推尙王仲宣之作，率以凌厲爲體，此正當時諸子氣偏所累，子桓、元瑜卽不爾矣。（卷四。頁一一）

所以王氏說：

夫詩以言情也，胥天下之情於怨怒之中，而流不可反矣，奚其情哉？（「詩廣傳」。卷一。頁三五）

甚而稱詩情褊躁的文人爲「淫人」。他說：

何以知情之淫也？其諸詞之不豐而音遽者乎？韓柳曾王之文，噍削迫塞而無餘，雖欲辭爲千古之淫人，其將能乎？（同上書。卷一。頁三七）

然而王氏並不是一口就反對勁健的達情方式，倘若勁健中具有含蓄的內涵，他還是予以肯定的。如前舉之評吳邁遠「遊廬山觀道士石室」所云：「放誕中有收勢。」評陸厥「奉答內兄顧希叔」所云：「一往駃健中自有留勢則雅。」均是如此。這是研究王氏詩論所不可不注意的。（註五）

總之，由以下的兩段王氏論詩文字，可以概括他對詩情表達的看法：

言愈昌而始有則，文愈腴而始有神，氣愈溫而始有力。……罕譬善喻，唱歎淫泆，若緩若忘，而乃信其有情，古知道者之於文類然也。東周之季，大歷之末，刻露卞躁之言興，而周唐之衰亟矣。（「詩廣傳」。卷一。頁三七）

西京之製，夷猶婉娩，雖以李陵之軽，息夫躬之戾，猶然其無促絞也。三唐之作，迫孅而無餘思，雖北里南部之淫媟，且有殺伐之氣焉。故不得於周，無寧於漢；不得於漢，無寧於魏晉，秦與唐勿尚也。韓退之何知，以其「車鄰」「駟鐵」之音，增之以浮促，倡天下於傲僻褊刻之守，而爲之譽者曰：「起八代之衰」，然則秦風之掔擻，亦以起「二南」之衰與？（同上書。卷二。頁五七）

丁　對詩風格的要求

王夫之又認爲：詩作風格與詩人情性之關係密切，由詩作風可以見及詩人的情性。「古詩評選」評何遜「贈諸遊舊」云：

言情詩極足覘人品度。（卷五。頁三五）

「詩廣傳」亦云：

為「北山」之詩者，其音複以衰，其節促以亂，其詞詼，其情私矣。（卷三。頁九八）

而詩人情性也會影響詩作之風格。「古詩評選」評庾信「詠懷」「日色臨平樂」一首云：

子山則情較深，才較大，晚歲經歷變故，感激發越，遂棄偷弱之習，變為汗漫之章。（卷五。頁四二）

因此，他對詩情表達之要求也自然影響他對詩作風格的看法，在詩情表達上，他肯定徐緩宛轉與含蓄不露的方式，而反對褊急促露，在詩作風格上，見解也是如此。他肯定紓雅、徐雅的風格。如「唐詩評選」評薛稷「秋日還京峽四十里作」云：

順序縈紆，自全其雅。（卷二。頁二）

「古詩評選」評晉樂府辭「拂舞歌白鳩篇」云：

紓徐近雅，大似魏文樂府，非思王以下所逮。江左得此，詎不鼎足中原？（卷一。頁一八）

肯定和緩柔婉的風格。如「明詩評選」稱讚陳憲章「四月」云：

先王孤逸閑冷，往往入禪，此篇特和緩。（卷五。頁一六）

稱讚李雯「古訓離」云：

不序事，不發議，一色以情中曲折，立宛轉之文。（卷一。頁一五）

「唐詩評選」評張九齡「奉和聖製送尚書燕國公說赴朔方軍」，更以眞詩人才能寫出婉淨風格的作品。其言云：

只如「山川勤遠略，原隰聆皇情」，自非眞詩人，那得如許婉淨！（卷三。頁三四）

他也肯定靜的風格。「古詩評選」評何遜「擬青青河畔草轉韻體爲其人作其人識節工歌」云：

轉韻如不轉，如此調瑟理笙，妙在脣指，不在譜也。如珠含光，不用鐙燭。靜者之姝，乃可云姝。（卷五。頁三六至三七）

更常用「蘊藉」一詞來形容此種含蓄紆徐的風格。「唐詩評選」評陳子昂（六六一－七〇二）「度荊門望楚」云：

平太蒼直，正字之以變古者，然蘊藉自在，未入促露。（卷三。頁四）

「古詩評選」評左思「咏史」「荊軻飮燕市」一首云：

詠荊軻詩古今不下百首，屑屑鋪張，裹袖握拳，皆浮氣耳。惟此蘊藉舂容，偏令生色，余不滿太白「經下邳圯橋」詩，正以此故。以赬塗面，挂髮爲髯，優人之雄，何足矜也？（卷四。頁一八至一九）

由上擧數例，可以見及王氏常以「蘊藉」與「促露」對比，「蘊藉舂容」與「屑屑鋪張，裹袖握拳」對比，一方面肯定含蓄紆宛之風格，一方面斥責促露粗豪之詩風。而下面一例更可見及王氏對急促粗豪詩風之不滿：

> 言悲則悴以激，言愉則華以慆，元稹、白居易之一率天下於褊促，宜夫杜牧之欲施之以刑也。（卷三。頁六七）

他稱讚曹丕，而不滿曹植與王粲，原因在此。「古詩評選」評曹丕「善哉行」云：

> 子桓論文云：「氣之清濁有體，不可力彊而致。」其獨至之清從可知已。藉以此篇所命之意，假手植粲，窮酸極苦、磔毛豎角之色，一引氣而早已不禁。微風遠韻，映帶人心於哀樂，非子桓其孰得哉？（卷一。頁一〇）

王夫之詩評中，論及詩作聲律風格者甚多。談王氏對詩作風格的看法，不能無視他對詩作聲律風格之意見。

王夫之接受「尚書」對詩之特色係言永和聲的看法，認爲詩與樂有其共同作用，均是以曲折方式感染讀者。「古詩評選」評瑟調曲「西門行」云：

> 意亦可一言，而竟往復鄭重，乃以曲感人心。詩樂之用，正在於斯。（卷一。頁三）

更稱讚能以聲律動人，而不以文字雕琢以求感人的作品。如評曹操「碣石篇」云：

> 四篇皆題碣石，未有海語，自有海情。孟德樂府，固卓犖驚人，而意抱淵永，動人以聲，不以言。（卷一。頁八至九）

作者能以聲律表達其情者，王氏予以嘉揚。「古詩評選」評曹丕「黎陽作」「殷殷其雷」一首云：

> 只用「毛詩」「雨雪載塗」一句，縱衡成文，傷悲之心，慰勞之旨，皆寄文句之外，一以音響

寫之。此公子者，豈不允爲詩聖？（卷二。頁二）

王氏論詩聲律風格，與他論一般詩作風格之見相同，肯定紆雅婉轉之表現，而不取勁露。「古詩評選」評謝惠連「前緩聲歌」云：

樂府動人，尤在音響。故曼聲緩引，無取勁促。音響既永，鋪陳必盛，亦其勢然也。（卷一。頁二一）

同書評陸機「上留田行」云：

六言音體勁促，尤易入俗。靜秀安祥，此爲首出矣。（卷一。頁一七）

因此，他肯定聲律風格之靜約。同書評曹丕「短歌行」云：

銜恤詩極不易下筆，子桓斯篇，乃欲與「蓼莪」並峙，靜約故也。悲者形必靜，哀者聲必約。（卷一。頁九）

肯定聲情之繚繞。同書評漢鐃歌曲「戰城南」云：

鐃歌雜鼓吹譜，字多不可讀，唯此首略可通解。所詠雖悲壯，而聲情繚繞，自不如吳均一派，裝長鬚，大面腔也。丈夫雖死亦閒，閒爾何至頳面張奉？（卷一。頁一至二）

並要求聲情於縱中應有斂勢。同書評宋子侯「董嬌嬈」云：

斂者固斂，縱者莫非斂勢。知斂縱者，乃可與言樂理。（卷一。頁六）

戊　重詩外情致

關於王夫之對「詩」與「情」的看法，還有一點必須指出的，就是王氏雖然以詩是詩人情感的流露，但並非認定凡屬情感流露於文字的，卽爲佳作。他曾經說過：

> 詩言志，歌永言。非志卽爲詩，言卽爲歌也。（「唐詩評選」。卷一。頁六）

他甚而認爲：詩有時不入情，反而可以情致無限。如「古詩評選」評簡文帝「烏棲曲」「浮雲似帳月」一首云：

> 不入情事自高。（卷一。頁一〇）

同書評謝萬「蘭亭集詩」云：

> 不一語及情，而高致自在，斯以爲「蘭亭」之首唱。（卷二。頁一四）

「唐詩評選」評丁仙芝「渡揚子江」云：

> 八句無一語入情，乃莫非情者。（卷三。頁一五）

「明詩評選」評祝允明「大道曲」云：

> 全不入情，字字皆情。（卷八。頁一一）

王氏這種說法，看來似與前述他對「詩」與「情」的見解有矛盾，其實不然。由他的理論體系探索，可以發覺他是堅持詩應該表露性情的，同時應該婉轉含蓄地表達性情，但是他也認識到：一首好詩並不只是表露性情那麼簡單，因爲欲成爲一首好詩，還有更重要的條件，詩本身的特色，詩的含意悠遠，韻致無窮的特色。這特色，並不只是表現在文字，而常是表現在文字之外。因此，他要求作品，必須「字外含遠神」，「句中有餘韻」（註七）；而讚揚崔顥「長干行」：「墨氣所射，四表無窮，無字處皆其意也。」（註八）就是基於這個原則。所以，他要求詩人寫詩，須取於內心感奮之際，才可達致不入情而情致無限的韻致。如「古詩評選」評謝朓「之宣城郡出新林浦向板橋」云：

語有全不及情，而情自無限，心目爲政，不恃外物故也。（卷五。頁二〇）

須用微言展意才可包舉宏博。「夕堂永日緒論內編」云：

太白胸中浩渺之致，漢人皆有之，特以微言點出，包舉自宏。（「薑齋詩話」卷下。「清詩話」。頁一〇）

須用旁寫的手法。如「古詩評選」評溫子昇「擣衣篇」云：

從聞擣衣者想像卽雅，代擣衣者言情卽易入俗。（卷一。頁三四）

因此，王維能廣攝四旁以寫物，自妙；杜甫寫物，無細不章，則不如之。「唐詩評選」評王維「觀獵」云：

工部之工，在卽物深致，無細不章；右丞之妙，在廣攝四旁，圜中自顯。……所謂離鈎三寸，鱍鱍金鱗，少陵未嘗問津及此也。（卷三。頁一一）

卽以詩人應取意於物象之外，而呈現詩之情致。但取意於物象之外，並非沒有原則。由於詩人能夠把握詩趣，因此詩妙亦在其中。這就是司空圖「規以象外，得於圜中」（註九）之說。王夫之非常激賞此說，並以此論詩。「詩繹」云：

知「池塘生春草」、「蝴蝶飛南園」之妙，則知「楊柳依依」、「零雨其濛」之聖於詩。司空

表聖之所謂「規以象外，得於圜中」者也。（「薑齋詩話」卷上。「清詩話」。頁五至六）

詩評用及「象外」與「圜中」以論詩者尤多。如「古詩評選」評謝靈運「田南樹園激流植援」云：

亦理亦情亦趣，逶迤而下，多取象外，不失圜中。（卷五。頁五）

「唐詩評選」評李白「渡荊門送別」之結語云：

結二語得象外於圜中，「飄然思不窮」，唯此當之。（卷三。頁一七）

「明詩評選」評胡翰「擬古」云：

言有象外，有圜中，當其賦「涼風動萬里」四句時，何象外之非圜中？何圜中之非象外也？（卷四。頁一七）

不論是「多取象外，不失圜中」、「得象外於圜中」、或是「何象外之非圜中，何圜中之非象外」，就重視詩外情致這一點說，王氏亦將司空圖之詩觀容納於其詩論中。

二、王夫之論詩的意境

上一章釋意一則曾指出，「意」字在王氏詩論中，有代表尚未表達而具存於文人心胸之境界，和寫詩過程中，落筆時或完篇後所展現於作品之境界。此卽爲本節所稱之詩之「意境」。朱光潛「詩的境界」說：「詩的境界是情景的契合。」李可染「意境是山水畫的靈魂」也說：「意境就是景和情的結合。」（註一一）王夫之代表意境的「意」字的含意也是如此。因此，欲談王夫之如何論詩之意境，必先說明對詩之情景關係之看法。

甲　論情與景的關係

「情景說」是王氏詩論中重要而且具有燦爛光輝的課題。清以前的許多詩論者，在談及詩情之如何發生時，都認爲是受到外物刺激的結果。王夫之的看法也是如此。在「詩廣傳」中，他說：

有識之心而推諸物者焉，有不謀之物相値而生其心者焉。知斯二者，可與言情矣。（卷二。頁六八）

「不謀之物相値而生其心者焉」，指的就是這點。不過，王氏更進一步指出：「情」既受「外物」刺激而發生，而在「情」中所展現之「物」，已經不是外物，而是受着「情」感染之「物」。用王夫之的文字解釋，這就是：

外有其物，內可有其情矣；內有其情，外必有其物矣。（「詩廣傳」。卷一。頁二〇）

情非虛情，情皆可景；景非虛景，景總含情。

景以情合，情以景生。（「薑齋詩話」卷下。「淸詩話」。頁一一）

王夫之肯定外在景物有其本身的美，能否產生詩情，全在於詩人是否能夠賞取，「情」與「景」是是否能夠產生詩興。「詩廣傳」云：

天地之際，新故之迹，榮落之觀，流止之幾、欣厭之色，形于吾身以外者化也，生於吾身以內

者心也；相値而相取，一俯一仰之際，幾與爲通，而浡然興矣。（卷二。頁六八）

又云：

天不靳以其風日而爲人和，物不靳以其情態而爲人賞，無能取者不知有爾。「王在靈囿，麀鹿攸伏；王在靈沼，於牣魚躍。」王適然而游，鹿適然而伏，魚適然而躍，相取相得，未有違也。是以樂者，兩間之固有也，然後人可取而得也。（卷四。頁一二一）

「古詩評選」評謝莊「北宅秘園」亦云：

兩間之固有者，自然之華，因流動生變而成其綺麗。心目之所及，文情赴之，貌其本榮，如所有而顯之，卽以華奕照耀，動人無際矣。古人以此被之吟咏，而神采卽絕。（卷五。頁一一二）

「情」「景」相値相取，並不是詩人可以操縱與控制的。在「情」「景」相値，感興奮起之際，詩人必須迅速捕捉詩情，否則稍縱卽逝。「夕堂永日緒論內編」云：

以神理相取，在遠近之間，才着手便煞，一放手便又飄忽去。如「物在人亡無見期」，捉煞了也；如宋人詠河魨云：「春洲生荻芽，春岸飛楊花。」饒他有理，終是於河魨沒交涉。「青青河畔草」與「綿綿思遠道」，何以相因依？相含吐？神理湊合時，自然恰得。（「薑齋詩話」卷下。「淸詩話」。頁一〇）

而如能捕捉此感興者，則情景契合。因此，他認爲「情」「景」雖名爲二，其關係是極爲密切的。「夕堂永日緒論內編」云：

情、景名爲二，而實不可離。神於詩者，妙合無垠。（同上書。頁一一）

「詩繹」亦云：

情景雖有在心在物之分，而景生情、情生景，哀樂之觸，榮悴之迎，互藏其宅。（「薑齋詩話」卷上。「清詩話」。頁六）

因此，他更用「情中景」，「景中情」和「情之景」、「景之情」來說明情景。如「夕堂永日緒論內編」云：

景中情者，如「長安一片月」，自然是孤棲憶遠之情；「影靜千官裏」，自然是喜達行在之情。情中景尤難曲寫，如「詩成珠玉在揮毫」，寫出才人翰墨淋漓、自心欣賞之景。（「薑齋詩話」卷下。「清詩話」。頁一一）

「唐詩評選」評岑參「首春渭西郊行呈藍田張二主簿」云：

景中生情，情中含景，故曰：景者，情之景；情者，景之情也。（卷四。頁九）

那麼，在寫詩時麼當如何處理「情」「景」的關係，王夫之提出以下的意見：

(1)應卽景會心或興會摽擧。

王氏認爲：不論情思醞釀，或是落筆成詩，詩人必須做到「情以景生」、「景以情合」。要達到這個目的，則必須于心目相取處得景得句。「唐詩評選」評張子容「泛永嘉江日暮回舟」云：

只于心目相取處得景得句，乃爲朝氣，乃爲神筆。景盡意止，意盡言息，必不強括狂搜，舍有

而尋無。在章成章，在句成句。文章之道，音樂之理，盡于斯矣。（卷三。頁一〇）

這也是王氏所說的「卽景會心」。「夕堂永日緒論內編」云：

若卽景會心，則或推或敲，必居其一，因景因情，自然靈妙，何勞擬議哉？（「薑齋詩話」卷下。「清詩話」。頁九）

所說的「興會標舉」。「明詩評選」評袁凱「春日溪上書懷」云：

一用興會標舉成詩，自然情景俱到。恃情景者，不能得情景也。（卷六。頁八）

所謂「興」，同書評貝瓊（？—一三七九）「寓翠岩庵」有清楚的析說：

迎頭入景，宛折盡情，興起意生，意盡言止，四十字打成一片。（卷五。頁一二）

因此，他極力主張寫眼前所見。「夕堂永日緒論內編」云：

身之所歷，目之所見，是鐵門限。卽極寫大景，如「陰晴衆壑殊」，「乾坤日夜浮」，亦必不逾此限。非接輿地圖便可云「平野入青徐」也，抑登樓所得見者耳。隔垣聽演雜劇，可聞其歌，不見其舞；更遠則但聞鼓聲，而可云所演何出乎？（「薑齋詩話」卷下。「清詩話」。頁九）

杜甫會寫「親朋無一字，老病有孤舟」，卽因眼中所見景物，王氏稱之爲「情中景」。「夕堂永日緒論內編」云：

「親朋無一字，老病有孤舟。」自然是登岳樓詩。嘗試設身作杜陵，凭軒遠臺觀，則心目中二語居然出現，此亦情中景也。（同上書。頁一一）

「古詩評選」評孝武帝「濟曲阿后湖」云：

寫景至處，但令與心目不相睽離，則無窮之情，正從此而生。（卷五。頁一一）

也是此理。此種表達感興之方式，王氏稱爲「現量」。「夕堂永日緒論內編」云：

「僧推月下門」，只是妄想揣摩，如說他人夢，縱令形容酷似，何嘗毫髮關心？知然者，以其沉吟「推」「敲」二字，就他作想也。若卽景會心，則或推或敲，必居其一，因景因情，自然靈妙，何勞擬議哉？「長河落日圓」，初無定景；「隔水問樵夫」，初非想得：則禪家所謂「現量」。（「薑齋詩話」。卷下。「清詩話」。頁九）

王氏在「相宗絡索」曾闡釋「現量」之義，並與「比量」、「非量」比較云：

「現量」，「現」者有現在義，有現成義，有顯現眞實義。現在，不緣過去作影；「現成」，一觸卽覺，不假思量計較；顯現眞實，乃彼之體性本自如此，顯現無疑，不參虛妄。「比量」，比者以種種比度種種理：以相似比同，如以牛比兔，同是獸類；或以不相似比異，如牛有角比兔無角，遂得確信。此量于理無謬，而本等實相原不待比，此純以意計分別而生。「非量」，情有理無之妄想，執爲我所，堅自印持，遂覺有此一量，若可憑可證。

「夕堂永日緒論內編」亦云：

禪家有三量，唯「現量」發光，爲依佛性；「比量」稍有不審，使入「非量」，況直從「非量」中施朱而赤，施粉而白，勺水洗之，無鹽之色敗露無餘，明眼人豈爲所欺耶？（「薑齋詩話」卷

下。「清詩話」。頁一三二）

可見「現量」是一種直覺的，不假思量的，於心目相取處顯現的情景觀照與交融的活動。王氏在詩評中亦用此詞以讚賞一些詩作。如「明詩評選」評石寶「長相思[2]」云：

只寫現量，不可及。（卷一。頁一一）

「唐詩評選」評杜甫「野望」云：

寫景詩只咏得現量分明，則以之怡神，以之寄怨，無所不可，方是攝興觀群怨於一鑪，錘爲風雅之合調。（卷三。頁一八至一九）

然而，心物相值，物來情往，不一定保證所成詩篇卽爲佳作。王夫之認爲：這還要視詩人的胸懷襟抱如何而定。故「夕堂永日緒論內編」云：

「池塘生春草」，「蝴蝶飛南園」，「明月照積雪」，皆心中目中與相融浹，一出語時，卽得珠圓玉潤；要亦各視其所懷來，而與景相迎者也。「日暮天無雲，春風散微和」，想見陶令當時胸次，豈夾雜鉛汞人能作此語？（「薑齋詩話」卷下。「清詩話」。頁八）

「古詩評選」評謝朓「之宣城郡出新林浦向板橋」云：

語有全不及情，而情自無限者，心目爲政，不恃外物故也。……人胸中無丘壑，眼底無性情，雖讀盡天下書，不能道一句。司馬長卿謂讀千首賦便能作賦，自是英雄欺人。（卷五。頁二〇）

(2)應以「情」爲主，「景」爲賓。

「情」「景」關係密切，但其間亦有「賓」「主」之分。王夫之不同意一些詩論者論及詩之主、賓時，以正爲主、反爲賓；以賦爲主、比爲賓。「夕堂永日緒論內編」說：

詩文俱有主賓，無主之賓，謂之烏合。俗論以比爲賓，以賦爲主；以反爲賓，以正爲主；皆塾師賺童子死法耳。（「薑齋詩話」卷下。「清詩話」。頁九）

他提出詩之主賓，當以情爲主，以景爲賓，他說：

立一主以待賓，賓無非主之賓者，乃俱有情而相浹洽。若夫「秋風吹渭水，落葉滿長安」，於賈島何與？「湘潭雲盡暮煙出，巴蜀雪消春水來」，於許渾奚涉？皆烏合也。「影靜千官裏，心蘇七校前」，得主矣，尚有痕迹。「花迎劍佩星初落」，則賓主歷然，鎔合一片。（同上註）

王氏甚讚賓主歷然並鎔合一片的作品，「古詩評選」評帛道猷「陸峯采藥觸興爲詩」云：

賓主歷然，情景合一。升庵欲截去後四句，非也。（卷四。頁三六）

了解王夫之以情爲主，以景爲賓的言論，可進一步分析他對情景關係的處理。首先，由於他認識到「賓無非主之賓者，乃俱有情而相浹洽」，因此反對離情言景。「明詩評選」評沈明臣「渡峽江」云：

情景合一，自得妙語。撐開說景者，必無景也。（卷五。頁三七）

因此寫景必須「景中有人」。「古詩評選」評鮑至「山池」云：

通首平勻，起二句聊爲領袖，顯然景中有人，更不鶻突。（卷六。頁四）

同上書評隋樂府「陽春曲」云：

前二句隱然有景中人在，故佳。（卷三。頁一〇）

同上書評謝朓「之宣城郡出新林浦向板橋」云：

「天際識歸舟，雲間辨江樹」，隱然一含情凝眺之人，呼之欲出，從此寫景，乃為活景。（卷五。頁二〇）

或於描景中隱然帶出作者之情。王氏稱為「暗主賓中」。「明詩評選」評楊士奇「發淮安」云：

暗主賓中，如雲林畫，不必畫人。（卷八。頁九）

而「于賓見主」的手法，也是如此。同書評王穉登「雜言」云：

但用「誰家」二字點出有一旁觀人在此，謂於賓見主，似沙脫漆，但覺玲瓏。（卷八。頁一六）

所以王氏指出「取景」宜從人取之。「古詩評選」評庾信「詠畫屏風」「今朝好風日」一首云：

取景從人取之，自然生動。許渾唯不知此，是以費盡巧心，終得惡詩之譽。（卷六。頁一四）

而種種感慨，能從景露者，他也表示讚賞，並稱之為「景中藏情」。「唐詩評選」評劉禹錫「松滋渡生峽中」云：

自然感慨，盡從景得，斯謂景中藏情。（卷四。頁二一）

「夕堂永日緒論內編」云：

古人絕唱句多景語，如「高台多悲風」、「蝴蝶飛南園」、「池塘生春草」、「亭皐木葉下」、

「芙蓉露下落」，皆是也，而情寓其中矣。以寫景之心理言情，則身心中獨喩之微，輕安拈出。（「薑齋詩話」卷下。「清詩話」。頁一四）

也是此意。

王氏詩評中又有「人中之景」之說，卽以人之活動展示景象。「古詩評選」評任昉「濟浙江」云：

> 全寫人中之景，遂含靈氣。（卷五。頁三〇）

雖寫人中之景，而詩人之情亦由是傳露，故王氏於「明詩評選」評沈明臣「過高郵作」云：

> 結語從他人寫，所謂人中景，亦卽含景中情在內。（卷五。頁三七）

作品能具「景中有人」、「人中有景」者，王氏當然更讚不絕口了。故「古詩評選」評劉令嫻「美人」云：

> 景中有人，人中有景，巧思遽出諸劉之上，……（卷三。頁八）

(3)寫「情」「景」應契合無間，毫不滯累

「情」「景」既不可分，王氏自然要求寫情景時，契合無間。古今詩作能達致這個標準的，他就給予極高的稱讚。如「古詩評選」評謝靈運「鄰里相送至方山」云：

> 情景相入，涯際不分，振往古，盡來今，唯康樂能之。（卷五。頁二）

「唐詩評選」評李白「采蓮曲」，亦讚許該詩能取情爲景，契合無間，毫無形迹。其言云：

卸開一步，取情爲景，詩文至此，只存一片神光，更無形迹矣。（卷一。頁一〇）

同時，王氏也要求寫情景絕不能有詩情滯累的現象。詩情滯累，則詩中情景，將斷成兩橛，「古詩評選」評左思「雜詩」云：

入情處如輕雲拂水，于此稍滯累，則情景成兩橛矣。（卷四。頁一九）

(4)應有機地對待「情」「景」。

王夫之要求「情」「景」契合，是要由其所形成之意境之統一與渾圓，而非規定某一種情，就必須有某一種景以配合；某一種景，必定產生某一種情。他堅決否定公式化與機械化地處理「情」「景」的關係。在分析「小雅」「采薇」：「昔我往矣，楊柳依依；今我來思，雨雪霏霏」就曾發揮這種見解。「詩廣傳」說：

往戍，悲也；來歸，愉也。往而詠楊柳之依依，來雨歎雨雪之霏霏。善用情者，不斂天物之榮凋，以益己之悲愉而已矣。夫物其何定哉；當吾之悲，有迎吾以悲者焉；當吾之愉，有迎吾以愉者焉！淺人以其褊衷而捷於相取也。當吾之悲，有未嘗不可愉者焉；當吾之愉，有未嘗不可悲者焉，目營於一方者之所不見也。（卷三。頁七五）

「詩繹」中也說：

「昔我往矣，楊柳依依；今我來思，雨雪霏霏。」以樂景寫哀，以哀景寫樂，一倍增其哀樂。

（「薑齋詩話」卷上。「清詩話」。頁四）

並且以此批評唐人之詩作云：

知此，則「影靜千官裏，心蘇七校前」，與「唯有終南山色在，晴明依舊滿長安」，情之深淺宏隘見矣。況孟郊乍笑而心迷，乍啼而心喪者乎？（同上）

⑸強調「情之景」之描寫。

王夫之以爲：作景語難，作情語尤不易。「夕堂永日緒論內編」云：

不能作景語，又何能作情語耶？（「薑齋詩話」卷下。「清詩話」。頁一四）

「明詩評選」評曹學佺「寄錢受之」云：

古今人能作景語者，百不一二，景語難，情語尤難也。（卷五。頁四）

原因是寫情語，須於「情」「景」交融中於情現景。王氏嘗舉例說：

情中景尤難曲寫，如「詩成珠玉在揮毫」，寫出才人翰墨淋漓，自心欣賞之景。（「薑齋詩話」卷下。「清詩話」。頁一一）

相反的，逕露直言以寫詩，則爲王氏所詆責。「明詩評選」評曹學佺「寄錢受之」云：

「世人皆欲殺，吾意獨憐才」，非情語。「不才明主棄，多病故人疏」，尤非情語。但倸訟理，唐人不免，況何大復一流衝喉直撞，如里役應縣令者哉！（卷五。頁四三）

在寫景方面，王氏除主張於心目之際寫景，以景中有人，暗主賓中、于賓見主、人中之景之方式寫景之外，還提出以下的意見。

他認爲應在意境之醞釀中展現景象，使意景俱融。「唐詩評選」評張子容「泛永嘉江日暮廻舟」云：

景盡意止，意盡言息，必不強括狂搜，舍有而尋無。（卷三。頁一〇）

應以曲折含蓄的方式寫景抒情。同書評宋之問「發藤州」云：

前一大段景語絕不似怨，乃可以怨。（卷三。頁三二）

因此主張「景外取景」。同書評竇叔向「春日早朝應制」云：

其不如岑杜七言者，未能於景外取景。（卷三。頁二四）

主張「景外設景」。同書評蘇頲「扈從鄠杜間奉呈刑部尙書舅黃門馬常侍」云：

寓目警心，景外設景。（卷四。頁五）

「古詩評選」評謝朓「和宋記室省中」言寫景要在日鳥間，亦在日鳥外，也是此意。其言云：

「落日飛鳥遠」，合離之際，妙不可言。要此景在日鳥之外，亦在日鳥之間，冥搜得句，至此極矣。（卷五。頁二一一）

應以小景傳露大景之神。「夕堂永日緒論內編」云：

有大景、有小景，有大景中小景。「柳葉開時任好風」，「花覆千官椒景移」及「風正一帆懸」、「青靄入看無」，皆以小景傳大景之神。若「江流天地下，山色有無中」，「江山如有待，花柳更無私」，張皇使大，反令落拓不親。（「薑齋詩話」卷下。「淸詩話」。頁一四）

王夫之講求「情」「景」契合，自然反對割裂情景的關係以寫詩與論詩。「夕堂永日緒論內編」云：

夫景以情合，情以景生，初不相離，唯意所適。截分兩橛，則情不足興，而景非其景。……陋人標陋格，乃謂「吳楚東南坼」四句，上景下情，爲律詩憲典，不顧杜陵九原大笑。愚不可瘳，亦孰與療之？（同上書。頁一一）

「古詩評選」評潘岳「哀詩」云：

分疆情景，則眞感無存，情懈感亡，無言詩矣。（卷四。頁二二）

指出截裂情景，會破壞寫詩的基本條件：感興。感興不成，詩之藝術效果自然受到極大的影響，所以王氏強烈指責堅持一情一景之說者。同書評孝武帝「濟曲阿后湖」云：

一虛一實，一景一情之說生，而詩遂爲阱、爲梏、爲行尸。噫！可畏也哉！（卷五。頁一一）

「明詩評選」評僧宗泐「登相國寺樓」云：

……四段者中，復分情景也。皎然老髡，畫地成牢者在此，有心血漢，自不屑入。（卷五。頁四五）

同書評文徵明「四月」云：

以一情一景爲格律，以賴色言情爲氣骨，雅人之不屑久矣。（卷五。頁一七）

「唐詩評選」評丁仙芝「渡揚子江」云：

詩之爲道，必當立主御賓，順寫現景。若一情一景，彼疆此界，則賓主雜遝，皆不知作者爲誰？

（卷三。頁一五）

乙　論意境的表現

意境是情景的契合，王氏有時論詩之意境，於無須分敍情景之問題時，則直用「意」字稱之。他非常重視「意」。「夕堂永日緒論內編」云：

> 無論詩歌與長行文字，俱以意爲主。意猶帥也，無帥之兵，謂之烏合。李、杜所以稱大家者，無意之詩，十不得一二也。煙雲泉石，花鳥苔林，金鋪錦帳，寓意則靈。（「薑齋詩話」卷下。「清詩話」。頁八）

王氏詩論詩評中，論及如何表現「意」的地方很多，以這些意見與他談情景之表現方式，可以更清楚地見及王氏對詩之意境之表現的看法。

王氏極重視詩在落筆成章前意境在詩人心胸之醞釀過程。「古詩評選」評謝靈運「登土戍石鼓山詩」云：

> 落筆之先，匠意之始，有不可知者存焉。豈徒興會標舉，如沈約之所云者哉？（卷五。頁五）

這個階段，實際上就是陸機「文賦」所說的「其始也，情曈曨而彌鮮，物昭晰而互進」的情況，而王夫之說的更清楚。他說：

> 言情則于往來動止，縹緲有無之中，得靈蠁而執之有象；取景取於擊目經心，絲分縷合之際，

貌固有而言之不欺。（同上）

指出在這階段，正是情在往來動止，縹緲有無的狀態中與景絲分縷合之契合。在這種情況下所形成的意境，王氏稱爲「意在言先」。「詩繹」云：

「采采芣苢」，意在言先，亦在言後，從容涵泳，自然生其氣象。（「薑齋詩話」卷上。「淸詩話」。頁四）

即指「芣苢」一詩的作者，在落筆成詩前，情景交融，已在心胸中形成意境。在詩評中，王氏亦用「意起筆起」讚賞這種境界。「唐詩評選」評杜審言「和晉陵陸丞相早春游望」云：

意起筆起，意止筆止，眞自蘇李得來，不更問津建安。（卷三。頁五）

「意起」而後「筆起」，即爲此意。

情思的醞釀，意境的形成，不能落入理智的思辨與文字的困縛。所以王氏說：

象意霏微，不以名言取似。（「唐詩評選」。卷四。頁四）

又說：

大意總不落有字處。（「明詩評選」。卷四。頁四）

並要能把握境界的神妙部分，想像發揮。前者王氏稱爲取勢，後者爲盡意。「夕堂永日緒論內編」云：

以意爲主，勢次之。勢者，意中之神理也。唯謝康樂爲能取勢，宛轉屈伸，以求盡其意，意已盡則止，殆無剩語；夭矯連蜷，煙雲繚繞，乃眞龍，非畫龍也。（「薑齋詩話」卷下。「淸詩話」。頁八）

「盡意」不能執着於理智思維與文字障礙，相反的，必須充實虛構、聯想與想像之形象思維活動。王氏稱之爲「空中布意」。「古詩評選」評鮑照「代東門行」云：

空中布意，不墮一解。（卷一。頁二二）

王夫之重視想像之於詩作的作用。「明詩評選」評朱陽仲「長干曲」云：

構想廣遠，遂成大雅。（卷八。頁一八）

評同作者「長門怨」云：

空微想像中，忽然妙合，必此乃辨作詩。（卷八。頁一八）

同書評胡翰「擬古」之「日長自愛惜」一首云：

空中結構。（卷四。頁一七）

所以「古詩評選」評溫子昇「擣衣篇」云：

從聞擣衣者想像卽雅，代擣衣者言情卽易入俗稱。（卷一。頁三四）

然而，想像的活動並非沒有基礎，其基礎是詩人的實際經驗。故王氏於「古詩評選」評潘岳「內顧詩」云：

「精爽交中路」，想像空靈，固有實際；不似杜陵「魂來」「魂去」，設爲混沌，空有虛聲而已。（卷四。頁二二）

「古詩評選」評江淹「效阮公詩」「飄颻恍惚中」一首云：

空中樓閣，如虛有者，而礎皆貼地，戶盡通天。（卷五。頁二七）

在醞釀與展現意境上，王氏又主應曲折以達，才能達致煙雲繚繞的韻致。「夕堂永日緒論內編」稱許謝靈運之能宛轉取勢盡意云：

謝康樂為能取勢，宛轉屈伸，以求盡其意，意已盡則止，殆無剩語；夭矯連蜷，煙雲繚繞，乃眞龍，非畫龍也。（「薑齋詩話」卷下。「清詩話」。頁八）

也主張采用含蓄手段，於短小篇幅，展現萬里境致。「古詩評選」評吳邁遠「長相思」云：

結意，尺幅之中，春波萬里。（卷一。頁二六）

王氏稱這種手法為「藏鋒」之術。同書評袁山松「菊」云：

藏鋒毫端，咫尺萬里。（卷三。頁二）

又稱之為「勢」。詩有勢則「無字處皆其意」。「夕堂永日緒論內編」云：

論畫者曰：「咫尺有萬里之勢。」一「勢」字宜着眼。若不論勢，則縮萬里於咫尺，直是「廣輿記」前一天下圖耳。五言絕句，以此為落想時第一義，唯盛唐人能得其妙。如「君家往何處？妾往在橫塘。停船暫借問，或恐是同鄉。」墨氣所射，四表無窮，無字處皆其意也。（「薑齋詩話」卷下。「清詩話」。頁一九）

王氏也表示意境之表露要能靜、能遠。「唐詩評選」評杜甫「曲江值雨」云：

託意自靜，故盲人多所傅會。（卷四。頁一二）

同書評韋應物「登西南岡卜居遇雨尋竹浪至灃壖縈帶數里清流茂樹雲物可賞」云：

涯際朕兆，既已臻化。如「微雨颯已至，蕭條川氣秋」，……誰謂靜者無英雄之氣。（卷二。頁二〇）

又評岑參「暮秋山行」云：

靜光靈警，一結尤樂府佳句。此等詩自非高所得匹，即以冠開天可矣。（卷二。頁七）

皆言意靜之妙。而同書評孫逖「江行有懷」云：

合化無迹者，謂之靈，通遠得意者謂之靈，如逖五言，乃可以靈許之。（卷三。頁三四）

「古詩評選」評張正見「劉生」云：

一結風神特遠。（卷六。頁一〇）

言意遠之致。此外也表示「意境」的表露宜寬，「唐詩評選」評杜甫「九日藍田宴崔氏莊」云：

寬於用意，則尺幅萬里矣。（卷四。頁一二）

「古詩評選」評丘遲「芳樹」云：

丘詩之妙，全寬于用少。用少既寬，即少自足。少之既足，則四維上下，皆在忘言之中矣。（卷五。頁二九）

亦主「簡意」，「明詩評選」評胡翰「擬古」云：

故知簡字不如簡意，意簡則弘，任其繚繞，皆非枝葉。（卷四。頁一七）

所以同書讚沈明臣「前溪曲」云：

簡雅。（卷七。頁六）

王氏重視簡，嘗云：

簡貴。非簡將不貴，非貴亦何能簡邪？

謝靈運能以一意往復回旋，王氏即讚之云：

謝靈運一意回旋往復，以盡思理，吟之使人卞躁之意消。（「詩繹」。「清詩話」。頁六）

三、王夫之論詩的語言聲韻

在還沒有論述王氏對詩之語言與聲韻的看法之前，應先分析中國論者對「言」與「意」之看法。清楚這些論者的看法，有助於了解對有關問題的意見。

早在春秋時期，論者已接觸到有關的問題。孔子一方面肯定語言的價值說：「辭達而已矣。」（註一二）一方面又表示懷疑：「夫何言哉？四時行焉，百物生焉，夫何言哉？」（註一三）孟子也是如此。一方面說：「我知言？……何謂知言？曰：詖辭知其所蔽，淫辭知其所陷，邪辭知其所離，遁辭知其所窮。」（註一四）一方面說：「不以辭害志。」（註一五）老莊則從意難由言所盡之角度，懷疑甚而否定語言的價值。如「道德經」云：「道可道，非常道；名可名，非常名。」（註一六）又

云：「辯者不善，善者不辯。」（註一七）「知者不言，言者不知。」（註一八）「莊子」「天道篇」云：「世之所貴道者，書也。書不過語。語之所貴者，意也。意有所隨，意之所隨者，不可以言傳也而世因貴言傳書，世雖貴之，我猶不足貴也。」（註一九）「秋水篇」亦云：「夫精粗者，期於有形者也。無形者，數之所不能分也。不可圍者，數之所不能窮也。可以言論者，物之粗也。可以意致者，物之精也。言之所不能論，意之所不能察致者，不期精粗焉。」（註二〇）

至魏晉「言」「意」問題引起熱烈討論。晉歐陽建以「言不盡意」說由來甚久，但他從另一角度以申「言」可「盡意」。「言」「意」如形影相附，不可離而爲二。其言云：「言不暢意，則無以爲相接；各不辨物，則鑑識不顯。鑑識顯而名品殊，言意接而情志暢。……欲辨其實，則殊其名；欲宣其志，則立其稱。名逐物而盡，言因理而變，此猶聲發響應，形存影附，不得相折爲二。苟其不二，則無不盡。吾故以爲盡矣。」（註二一）而荀粲則以言不能「盡」意外之妙而論「言」、「象」與「意」之關係，其言云：「蓋理之微者，非物之象所擧也。今稱立象以通意，此非通於意外者也。繫辭焉以盡言，此非言乎繫表者也。斯則象外之意，繫表之言，固蘊而不出矣。」（註二二）王弼一面說：「夫象者，出意者也；言者，明象者也。盡意莫若象，盡象莫若言。」（註二三）另一面則以若得意之妙致，則言象可忘，他說：「言者所以名象，得象而忘言。象者所以存意，得意而忘象。」理由是：「猶蹄者所以在兔，得兔而忘蹄；筌者所以在魚，得魚而忘筌也。然則言者象之蹄也，象者意之筌也。是故存言者，非得象者也。存象者，非得意者也。象生於意而存象焉，則所存者，乃非其象外。言生於象而存言焉，則所存者，乃非其言也。然則忘象者，乃得意者也；忘言者，乃得象者也。得意在忘象，得象在忘言。」（註二四）由言外之意言，陶淵明見及造化之妙，故云：「此還有眞意，欲辯已忘言。」（註二五）劉勰以之讚文「隱」之手法：「隱也者，文外之重旨者也。……夫隱之爲體，義主文外，秘響旁通，伏采潛發，譬爻象之變互，川瀆之韞珠玉也。」（註二六）宋嚴羽以之讚詩之至境：「所謂不涉理路，不落言筌者，上也。詩者，吟詠情性也。盛唐諸人惟在興趣，羚羊挂角，無跡可求。故其妙處透徹玲瓏，不可湊泊，如空中之音，相中之色，水中之月，鏡中之象，言有盡而意無窮。」（註二七）

王夫之是一位談易說理的儒者，中國思想界有關言意問題自然給他一定的影響，而以此一認識論詩，他一方面見及詩意如果沒有通過語言文字，則無從顯現，因此肯定語言文字的價値，也要求作詩者：「作詩亦須識字。」（註二八）也講求文字聲律的諧和：「『樂記』云：凡音之起，從人心生也。固當以穆耳協心爲音律之準。」（註二九）因此，他進一步批評前代詩人的用字情況，如云：

作詩亦須識字，如思、應、教、令、吹、燒之類，有平仄二聲，音別則義亦異。若粘與押韻，於此鶻突，則荒謬止堪嗤笑。唐人不尋出處，不誇字學，而犯此者百無一二。宋人以博核見長，偏於此多誤。杜陵以酇侯「酇」字作「才何切」，平聲，緣「史漢」注自有兩說，非不識字也。至廉頗音「婆」，湘如音「湘」，則考據精切矣。蘇子瞻不知「軒轅明詩序」、「長頸高結」，「結」字作「潔」音，穉子之所耻爲，而孟浪若此！近見有和人韻者，以「葑芳」作「芳非」

字音押，雖不足道，亦可爲不學人永鑑。（「夕堂永日緒論內編」。「清詩話」。頁一三）

又云：

唯孟浩然「氣蒸雲夢澤」，不知「雲土夢作乂」，「夢」本音蒙。「青陽逼歲除」，不知「日月其除」，「除」本音住。（同上）

又云：

「一三五不論，二四六分明」之說，不可恃爲典要。「昔聞洞庭水」，「聞」、「庭」二字俱平，正爾振起；若「今上岳陽樓」易第三字爲平聲，云「今上巴陵樓」，則語蹇而戾於聽矣。「八月湖水平」、「月」、「水」二字皆仄，自可；若「涵虛混太清」易作「混虛涵太清」，爲泥磬土鼓而已。又云：「太清上初日」，音律皆可；若云「太清初上日」，以求合於粘，則情文索然，不復能成佳句。又如楊用修警句云：「誰起東山謝安石，爲君談笑淨烽煙？」若謂「安」字失粘，更云「誰起東山謝太傅」，拖沓便不成響。（同上書。頁一二）

所以在詩話中，對善於用字以傳景之神者，卽加讚賞。如「詩繹」云：

「庭燎有煇」，鄉晨之景，莫妙於此。晨色漸明，赤光雜煙而靉靆，但以「有煇」二字寫之。唐人「除夕」詩「殿庭銀燭上熏天」之句，寫除夜之景，與此彷彿，而簡至不逮遠矣。「花迎劍佩」四字，差爲曉色朦朧傳神；而又云「星初落」，則痕迹露盡。益歎「三百篇」之不可及也。（「薑齋詩話」卷上。「清詩話」。頁五）

詠物而能得物之理者，亦表嘉揚。同書云：

> 蘇子瞻謂「桑之未落，其葉沃若」，體物之工，非「沃若」不足以言桑，非桑不足以當「沃若」，固也。然得物態，未得物理。「桃之夭夭，其葉蓁蓁」，「灼灼其華」，「有蕡其實」，乃窮物理。夭夭者，桃之穉者也。桃至拱把以上，則液流蠹結，花不榮，葉不盛，實不蕃。小樹弱枝，婀娜妍茂爲有加耳。（同上）

在詩評文字中，王氏亦常讚揚用字之精確者。如「唐詩評選」評岑參「梁州館中與諸判官夜集」云：

> 出落無一字虛設。（卷一。頁八）

「明詩評選」評張羽「初晴登望」云：

> 一字不溢，神動內守。（卷四。頁一三）

評同作者「擬過園隱阻雨」云：

> 一字千鍊。（卷四。頁一四）

「古詩評選」評簡文帝「漢高廟賽神」云：

> 入漢高事只用「九秋恨」三字，高簡乃爾。（卷六。頁三）

然而在另一方面，王氏又見及文意如受語言文字聲律所束縛，則會大大地影響詩作的藝術效果。「夕堂永日緒論內編」云：

> 作詩但求好句，已落下乘。況絕句只此數語，拆開作一俊語，豈復成詩？「百戰方夷項，三章

且易秦。功歸蕭相國，氣盡戚夫人。」恰似一漢高帝謎子，擲開成四片，全不相關通。如此作詩，所謂「佛出世也救不得」也。（「薑齋詩話」卷下。「清詩話」。頁一九）

因此反對詩用襯字，以致破壞情思之流暢。同書云：

若「水盡南天不見雲」，「永和三日盪輕舟」，「囊無一物獻尊親」，「玉帳分弓射虜營」，皆所謂滯累，以有襯字故也。（同上）

反對講求句眼。「唐詩評選」評劉禹錫「松滋渡生峽中」云：

七言以句長得敗者，率用單字、雙字，垛砌如累卵。字字有意，則蹇吃不了有無意之字，則是五言而故續鳧頂也。不知者偏于此著力，謂之句眼，如蚓已斷而粘於膠，兩頭自活，著力處即死。（卷四。頁二一至二二）

反對琢字琢句。「明詩評選」評于愼行「紀賜鮮藕」云：

用巧用綴，必致礙氣。（卷六。頁二六）

並嘗譏刺王世貞、李攀龍門下以及鍾惺、譚友夏之講求用字之習云：

詩莫賤于用字。自漢魏至宋元以及成弘，雖惡劣之尤，亦不屑此。王李出而後用字之事興。用字不可謂魔，只是亡賴，偏方下邑劣措大賴歲考捷徑耳。王李則有萬里、千山、雄風、浩氣、中原、白雪、黃金、紫氣等字；鍾譚則有歸、懷、遇、覺、肅、欽、澹、靜、之、乎、其、以孤光、太古等字。舍此則王李、鍾譚更無可言詩矣。鍾譚以其數十字之學，而誚王李數十字之非，此婢妾爭針線鹽米之智，中郎不屑也。中郎深詆王李，詆其用字，非詆其所用之字。竟陵不知，但用字之卽可詆，而避中郎之所斥，竊師王李用字之法，而別用之。中郎不夭，覩此等劣措大作何面孔耶？王李用字，是王李劣處，王李猶不全恃用字以立宗；全恃用字者，王李門下之重儓也。鍾譚全恃用字，卽自標以爲宗，則鍾譚者亦王李之重儓，而不足爲中郎之長鬣審矣。無目者猶以公安、竟陵相承爲言，公安卽以輕俊獲不令之報，亦不宜如此之酷也。

因此，王夫之論詩，重視文外之意。如「夕堂永日緒論內編」讚崔顥「長干行」與李夢陽「黃州」云：

……如「君家住何處，妾住在橫塘。停船暫借問，或恐是同鄉。」墨氣所射，四表無窮，無字處皆其意也。李獻吉詩：「浩浩長江水，黃州若箇邊？岸回山一轉，船到堞樓前。」固自不失此風味。（「薑齋詩話」卷下。「清詩話」。頁一九）

「唐詩評選」評張籍「思江南舊遊」云：

尺幅不侈大則意餘於言，居然古體，不爲韓退之所移。（卷三。頁二二六）

「古詩評選」評曹丕「黎陽作二首」之「殷殷其雷」云：

只用毛詩「雨雪載塗」一句，縱衡成文，傷悲之心，慰勞之旨，皆寄文句之外。（卷二。頁二二）

本書第三章論詩與情感的關係中嘗述及王氏重字外情致，也是本於這種見解。所以王氏常要求詩人寫詩，在詩的語言文字上，應充分把握文字的暗示性，傳露豐富的內涵，如「夕堂永日緒論內編」卽曾讚賞李白能以微言點出胸中浩渺之致。其言云：

太白胸中浩渺之致，漢人皆有之，特以微言點出，包舉自宏。（「薑齋詩話」卷下。「清詩話」。頁一〇）

「古詩評選」評鮑照「代東武吟」云：

中間許多情事，平敘初終一如白樂天歌行然者，乃從始至末，但一人口述語耳，於「琵琶行」才占得一段，而言者之平生，聞者之感觸，無窮無方，皆所含蓄，故言若已盡而意正未發，自非唐宋人力所及心所謀也。（卷一。頁二三）

同書評蕭琛「別詩」云：

不作意，不作色。語中若不足，量外若有餘。在梁陳之間，依然古道矣。（卷五。頁三四）

也是基於此理。因此，他強調詩人應依據想像且不落入文字形迹來寫詩。「明詩評選」評顧夢圭「雷雪行」云：

意本一貫，文似不屬，斯以見神行之妙。彼學杜學元白者，正如蚓蠖之行，一聳脊一步。又如蝸之在壁，身欲去而粘不脫。苟有心目，悶欲遽絕。（卷二。頁一〇）

「唐詩評選」評韋應物「夏夜憶盧嵩」云：

神行非迹。（卷二。頁一九）

也強調詩的寫作於含情會景下手，不能於句求巧。「夕堂永日緒論內編」云：

含情而能達，會景而生心，體物而得神，則自有靈通之句，參化工之妙。若但於句求巧，則性情先為外蕩，生意索然矣。松陵體永墮小乘者，以無句不巧也。……若韓退之以險韻，奇字、古句、方言，矜其餖飣之巧，巧誠巧矣，而於心情興會，一無所涉，適可為酒令而已。黃魯直、米元章益墮此障中。近則王謔菴承其下游，不恤才情，別尋蹊徑，良可惜也。（「薑齋詩話」卷下。「清詩話」。頁一四）

詩句中文字有杰出表現，不是用字之巧的結果，而是順手湊著。「夕堂永日緒論內編」云：

「更喜年芳入睿才」與「詩成珠玉在揮毫」，可稱雙絕。不知者以「入」字、「在」字為用字之巧，不知渠自順手湊著。（同上書。頁一一）

或稱為偶然湊手。同書云：

對偶有極巧者，亦是偶然湊手，如「金吾」、「玉漏」、「尋常」、「七十」之類，初不以此礙於理趣，求巧則適足取笑而已。（同上書。頁一四）

甚而形容此等詩句之獲得，殆同天授，而非人力。「唐詩評選」評李白「烏栖曲」云：

「青山」句，天授，非人力。（卷一。頁九）

或稱為神力。同書評岑參「胡笳歌送顏真卿使赴河隴」云：

四用「胡笳」，各不相承，有如重見疊出，而端緒一如貫珠，腕下豈無神力？（卷一。頁七）

所以，賈島為其詩句文字推敲躊躇，對王氏來說，這樣的苦吟是極為無謂的。「夕堂永日緒論內編」云：

「僧敲月下門」，祇是妄想揣摩，如說他人夢，縱令形容酷似，何嘗毫髮關心？知然者，以其沈吟「推」「敲」二字，就他作想也。若卽景會心，則或推或敲，必居其一，因景因情，自然靈妙，何勞擬議哉？

而「明詩評選」評高叔嗣「宿香山僧房」云：

……總不向有字句上雕琢，只在未有字句之前淘汰擇采，所以不同。（卷五。頁二七）

「詩繹」評毛詩「芣苢」云：

「采采芣苢」，意在言先，亦在言後，從容涵詠，自然生其氣象。（「薑齋詩話」卷上。「清詩話」。頁四）

可概示王氏對詩之語言聲韻看法之精神。

四、王夫之論詩的法度

王夫之論詩的寫作，重在心目相接處，內心有所觸感，意境漸逐形成，然而通過語言聲律，使之展現。因此，極力反對先立定題目，而後寫詩。「夕堂永日緒論內編」云：

把定一題，一人、一事、一物，於上求形模，求比似，求詞采，求故實，如鈍斧子劈櫟柞，皮屑紛霏，何嘗動得一絲紋理？（「薑齋詩話」卷下。「清詩話」。頁八）

「唐詩評選」評王維「送梓州李使君」云：

意至則事自恰合，與求事切題者，雅俗冰炭。（卷三。頁一二）

也極力反對預先設意以作詩。「古詩評選」評阮修「上巳會」云：

初不設意爲局格，正爾不亂。吾甚惡設意以矜不亂，如死蚓之抗生龍也。（卷二。頁一二）

極力反對離開情思之醞釀，刻意求詩。同書評斛律金「敕勒歌」云：

寓目吟成，不知悲涼之何以生。詩歌之妙，原在取景遣韻，不在刻意也。（卷一。頁三四）

而稱贊非有意爲之的作品。如「唐詩評選」評丁仙芝「渡揚子江」云：

首句一「望」字統下三句，結「更聞」二字引上「邊音朔吹」，是此詩針線，作者非有意使然，而氣脈相比自有如此者惟然，故八句無一語入情，乃莫非情者。（卷三。頁一五）

「明詩評選」評徐渭「沈叔子解番刀爲贈」云：

選用三「佩」，此參差盡變，非有意爲之。（卷二。頁一六）

「唐詩評選」評杜甫「石壕吏」云：

「夜久語聲絕」二句，乃現賓主。起句「暮投」二字至此，方有起止，作者非有意爲之，自然不亂耳。（卷二。頁一四）

他認爲：如果先有一種意見，而後執筆寫作，只許通過其他文章體制來完成，而不可以通過詩。因爲詩的特色與其他文體不同。「明詩評選」評高啓「涼州詞」云：

詩之深遠廣大，與夫舍舊趨新也，俱不在意。唐人以意爲古詩，宋人以意爲律詩絕句，而詩遂

亡。如以意，則直須贊「易」陳「書」，無待詩也。（卷八。頁五）

王氏詩評中經常強調這點。如「古詩評選」評庾信「楊柳行」云：

七言長篇，此爲最初元聲矣。一面敍事，一面點染生色，自有次第，而非史傳箋註論說之次第，逶迤淋漓，合成一色。（卷一。頁三六至三七）

同書評袁宏「從征行方山頭」云：

亦似銘似贊，故近人亦知賞之。旣似銘贊，則更非詩矣。（卷二。頁一三）

「唐詩評選」評杜甫「詠懷古跡」之「群山萬壑赴荊門」云：

平收。不作論贊，方成詩體。（卷四。頁一四）

同書評高適「自薊北歸」云：

文章之道，自古有宜，典册檄命，固不得不以爽厲動人于俄頃；若夫絜音使圓，引聲爲永者，自藉和遠幽微，動人欣戚之性。（卷三。頁一四）

「明詩評選」評徐渭「嚴先生祠」云：

詩以道性情，道性之情也。性中儘有天德、王道、事功、節義、禮樂、文章，却分派與「易」、「書」、「禮」、「春秋」去，彼不能代詩而言性之情，詩亦不能代彼也。（卷五。頁三九）

「古詩評選」評庾信「詠懷」「日色臨平樂」一首云：

如可窮六合，亙萬彙而一之於詩，則言天下不必「易」、言王不必「書」、權衡王道不必「春秋」、旁通不必「爾雅」、斷獄不必律、敷陳不必箋奏、傳經不必註疏、彈劾不必章案、問罪不必符檄、稱述不必記序、但一詩而已足。既有彼數者，則又何用夫詩？（卷五。頁二）

所以「詩繹」開章卽云：

陶冶性情，別有風旨，不可以典册、簡牘、訓詁之學與焉也。（「薑齋詩話」卷上。「清詩話」。頁一）

他反對稱杜詩爲詩史，其原因在此。此點前曾提及，此不重複。

認識王氏何以反對設意、刻意以求詩，可進一步了解他對詩法的意見。

王夫之不贊成在詩情之醞釀之外預先計謀以作詩。「詩繹」云：

始而欲得其歡，已而稱頌之，終乃有所求焉，細人必出於此。「鹿鳴」之一章曰：「示我周行。」二章曰：「示民不恌，君子是則是效。」三章曰：「以燕樂嘉賓之心。」異於彼矣。此之謂大音希聲。（同上書。頁四）

因此，他盛讚不謀而寫之寫詩方法以及由此方法而完成之作品。「唐詩評選」評沈佺期「獨不見」云：

從起入領，羚羊挂角；從領入腹，獨繭抽絲；第七句獅吼雪山，龍含秋水，合成旖旎，韶采驚人；古今推爲絕唱當不誣。其所以如大辨才人說古今事理，未有豫立之機，而鴻纖一致，人但歆歆於其珠玉。（卷四。頁二）

「古詩評選」評張生「蠟除」云：

章末迴波送意，先所不謀。（卷五。頁一六）

同上書評曹操「秋胡行」云：

> 當其始唱，不謀其中；言之已中，不知所畢；已畢之餘，波瀾合一，然後知始以此始，中以此中。此古人天文斐蔚，夭矯引伸之妙。蓋意伏象外，隨所至而與俱流。（卷一。頁八）

「明詩評選」評胡翰「鬱鬱孤生桐」云：

> 不謀而至，不介而親，不裁而止，一引人遠，一引人近，此所謂大音希聲也。（卷四。頁一六）

詩能不謀而作，則可如神龍之興雲霧，變化多端。「古詩評選」評蔡邕「飲馬長城窟行」云：

> 或興或比，一遠一近，謂止而流，謂流而止。神龍之興雲霧，駁以人情準之，徒有浩歎而已。（卷一。頁六）

相反的，若先立一法度以寫詩，王氏則稱此爲「律」，爲「死法」，認爲足以束縛人心。「古詩評選」「五言近體序」云：

> 皎然一狂髡耳，目蔽于八句之中，情窮于六義之始，于是而有開合收縱、關鎖喚應，情景虛實之法，名之曰律。鉗梏作者，俾如登爰書之莫逭，此又宋襄之伯，設爲非仁之仁、非義之義，以自蹙而庇於蚓也。（卷六。頁一）

「明詩評選」評皇甫湝「龍湫」云：

> 所云隨句轉口邊，開合呼應，習氣也，惡詩命之曰：法律。（卷五。頁三一）

「夕堂永日緒論內編」云：

俗論以比爲賓，以賦爲主；以反爲賓，以正爲主，皆塾師賺童子死法耳。（「清詩話」。頁九）

所以他以極苛刻的文辭抨擊定立死法的詩論者與詩作者。如批評皎然與虞集云：

詩之有皎然、虞伯生，經義之有茅鹿門、湯賓尹、袁了凡，皆畫地成牢以陷人者，死法也。

「唐詩評選」評釋靈徹「和于使君思上京親故」云：

皎然老髡，以「扣門無犬吠，欲去問西家」之才，輒敢立詩式，以束天下鬚眉丈夫，如彼敎中以增上慢墮拔舌獄者，舍此奚歸焉。（卷三。頁二六）

同書評李頎云：

盛唐之有李頎，猶制藝之有袁黃，古文詞之有李覯，朽木敗鼓，區區以死律縛人。

並將死法之所以產生之原因，歸之於論者與詩人識量狹小。「夕堂永日緒論內編」云：

死法之立，總緣識量狹小，如演雜劇，在方丈台上，故有花樣步位，稍移一步則錯亂。若馳騁康莊，取塗千里，而用此步法，雖至愚者不爲也。（「清詩話」。頁一一）

在各種王夫之所擧述的「死法」中，「起承轉合」法討論最多，而抨擊亦烈。「夕堂永日緒論內編」云：

起承轉合，一法也。試取初盛唐律驗之，誰必株守此法者？法莫要於成章；立此四法，則不成章矣。且道「盧家少婦」一詩作何解？是何章法？又如「火樹銀花合」，渾然一氣；「亦知戍不返」，曲折無端。其他或平鋪六句，以二語括之；或六七句意已無餘，末句用飛白法颺開，義趣超遠：起不必起，收不必收，乃使生氣靈通，成章而達。至若「故國平君有所思」，「有所」二字虛籠喝起，以下曲江、蓬萊、昆明、紫閣，皆所思者，此自「大雅」來；謝客五言長篇，用爲章法；杜更藏鋒不露，摶合無垠：何起何收？何承何轉？陋人之法，烏知展騏驥之足哉！近世唯楊用修辨之甚悉。用修工於用法，唯其能破陋人之法也。（「薑齋詩話」卷下。「清詩話」頁一二）

同書又云：

起承轉收以論詩，用教幕客作應酬或可。其或可者，八句自爲一首尾也。塾師乃以此作經義法，一篇之中，四起四收，非蠚蟲相銜成青竹蛇而何？兩間萬物之生，無有尻下出頭，枝末生根之理。不謂之不通，其可得乎？（同上）

「古詩評選」評庾肩吾「和望月」云：

近體之製，至子愼而成矣。非但聲偶之和參差者少，且其謀篇布局，爲起爲承爲收，無一不與爲唐人爲開先者，而近體之爲近體，亦止此矣。過此以往，更欲立畫地之牢，則皎然老髡之狂瀋而已，有鬚眉者不屑拾也。（卷六。頁五）

「唐詩評選」評沈佺期「雜詩」云：

五六分承，三四順下，得之康樂，何開闔承轉之有？（卷三。頁七）

同書評杜甫「晚出左掖」云：

一篇止以事之先後爲初終，何嘗有所謂起承開闔者。俗子畫地牢，誓不入焉可也。（卷三。頁一八）

評杜甫「秋興」亦云：

無起無轉，無敍無收，平點生色，八風自從律而不姦，眞以古詩作律。後人不審此製，半爲皎然老髡所誤。（卷四。頁一四）

然而，必須指出的，王夫之並非完全否定起承轉合之法，他曾說：「起承轉合，一法也。」要緊的是「起承轉合」必須結合詩情醞釀之需要。如「古詩評選」評鮑照「代白紵舞歌詞」云：

其妙都在平，起平故不迫，急轉抑前無。發端則引人入情，處澹而自遠微而弘，收之促切而不短。用氣之妙，有如此者。嗚呼！安得知用氣者而與言詩哉？（卷一。頁二三）

而詩人若能於詩中呈現覩若起合，實非起合之章法，王氏更予以大力的贊賞。同書評何遜「慈姥磯」云：

有起有合，居然律也。乃起者非起，合者非合。章法之奇，一從「三百篇」來。太白間能用此，餘人不知。（卷六。頁七）

另一爲王氏所不滿的「死法」，是絕句乃絕去律詩之半說，並以此法要求詩人寫作絕句。王氏在「夕堂永日緒論內編」說：

五言絕句自五言古詩來，七言絕句自歌行來，此二體本在律詩之前，律詩從此出，演令充暢耳。有云：絕句者，截取律詩一半，或絕前四句，或絕後四句，或絕首尾各二句，或絕中兩聯。審

爾，斷頭刖足，爲刑人而已。不知誰作此說，戕人生理？（「薑齋詩話」卷下。「清詩話」頁一九至二〇）

「古詩評選」、「小詩序」亦云：

小詩之製、盛於唐，非唐人之獨造也。漢晉以來所可傳者，迄於陳隋，亦云富矣。世或謂之絕句。絕句謂選句極簡，必造其絕云爾。不知何一老經生爲之說云：絕句，絕去律詩之半也。或絕前四句，或絕後四句，或絕其首尾，或絕其中幅。審爾，則是本有而絕之，鶴脛其可截乎？且近體之製，開於沈宋，然則在唐以上，又將誰絕邪？即以唐人小詩言之，有全無對仗者，如「遺却珊瑚鞭，白馬驕不行。章台折楊柳，春日路傍情。」可謂之絕去中幅乎？有全用對仗者，如「白日依山盡，黃河入海流。欲窮千里目，更上一層樓。」可謂之絕去首尾乎？有複起單收者，如「已道寒梅發，復聞啼鳥聲。愁心視春草，畏向玉階生。」可謂之絕前四句乎？有單起複收者，如「此地別燕丹，壯士髮衝冠。昔時人已沒，今日水猶寒。」可謂之絕後四句乎？（卷三。頁一）

然而，在同書評江總「怨詩」云：

謂五言絕句絕四句律詩猶可，使絕半截七言律作絕句，乃以半截死蛇耳。七言小詩如一枝兩枝柳，通體皆似腰肢方得。（卷三。頁一一）

却又以五言絕句可絕律詩四句而得，遂削弱絕句非截律詩而成之說。無論如何，王氏之基本看法是絕句四句，乃一氣呵成，如是截斷律詩之部分，依法寫作，則將破壞詩情之流暢。「夕堂永日緒論內編」

云：

自五言古詩來者，就一意中圓淨成章，字外含遠神，以使人思；自歌行來者，就一氣中駘宕靈通，句中有餘韻，以感人情。脩短雖殊，而不可雜冗滯累，則一也。五言絕句有平鋪兩聯者，亦陰鏗、何遜古詩之支裔。七言絕句有對偶如「故鄉今夜思千里，霜鬢明朝又一年」，亦流動不羈，終不可作「江間波浪兼天湧，塞上風雲接地陰」平實語。足知絕律四句之說，牙行賺客語，皮下有血人不受他和哄。（「薑齋詩話」卷下。「清詩話」。頁二〇）

「古詩評選」「小詩序」亦云：

當爲小詩，更不知有近體。或以多爲貴，或以少爲貴，從乎氣之所籟，因之一往，正自不得不極。總其源流，固有自然之轍，要不可爲尠見而矜成法者道爾。（卷一。頁一）

王氏也反對於詩之換韻處，割裂詩意以解詩或作詩。「詩繹」云：

句絕而語不絕，韻變而意不變，此詩家必不容昧之幾也。「天命玄鳥，降而生商。」降者，玄鳥降也。句可絕而語未終也。「薄汚我私，薄澣我衣。害澣害否，歸寧父母。」意相承而韵移也，盡古今作者，未有不率繇乎此；不然，氣絕神散，如斷蛇剖瓜矣。近有吳中顧夢麟者，以帖括塾師之識說詩，遇轉則割裂，別立一意；不以詩解詩，而以學究之陋解詩，今古人雅度微言，不相比附。陋于學詩，其弊必至於此。（「薑齋詩話」卷上。「清詩話」。頁四）

「夕堂永日緒論內編」亦云：

古詩及歌行換韻者，必須韻意不雙轉。自「三百篇」以至庾鮑七言，皆不待鉤鎖，自然蟬連不絕。此法可通於詩文，使股法相承，股中換氣。近有顧夢麟者，作「詩經塾講」，以轉韻立界限，劃斷意旨。劣經生桎梏古人，可惡孰甚焉！晉「清商」、「三洲」曲及唐人所作，有長篇拆開可作數絕句者，皆蠚蟲相續成一青蛇之陋習也。（同上書。頁一〇）

「唐詩評選」評岑參「登古鄴城」云：

韻無留而意不竭。（卷一。頁七）

評「邯鄲客舍歌」云：

看他轉韻，不用承合，自然浹洽處，豈非歌行獨步？（卷一。頁八）

也是此意。

此外，王氏也反對分疆情景，講求開闔等死法。這在前一節已有敘述，此不重覆。

王夫之反對死法，但並非認為詩之寫作，全無章法。「夕堂永日緒論內編」云：

「海暗三山雨」，接「此鄉多寶玉」不得，迤邐說到「花明五嶺春」，然後彼句可來，又豈嘗無法哉？非皎然，高棅之法耳。若果足為法，烏容破之？非法之法，則破之不盡，終不得法。（「薑齋詩話」卷下。「清詩話」。頁一〇）

這章法是詩的情事發展的次序，王氏稱之為「矩矱」。「古詩評選」評庾闡「觀石鼓」云：

以當念情起，即事先後為序，是詩家第一矩矱。……嗚呼！世無知此者，而「三百篇」之道泯

矣。乃更以其矩矱「三百篇」，如經生之言詩，愚弗可瘳，亦將如何之哉？（卷四。頁三一）

稱之爲絡脈。同書評甄氏「塘上行」云：

詩固自有絡脈，但不從文句得耳，意內初終，雖流動而不舍者，卽其絡也。（卷一。頁一三）

稱之爲眞脈理，眞局法。「明詩評選」評錢宰「白野太守游賀監故居得水字」云：

以情事爲起合，詩有眞脈理，眞局法，則此是也。立法自敝者，局亂脈亂，都不自知，哀哉！（卷四。頁一四）

稱之爲章法。同書評楊愼「近歸有寄」云：

所謂章法者，一章有一章之法也；千章一法則不必名章法矣！事自有初終，意自有起止，更天然一定之則，所謂範圍而不過者也。論及此，何仲默、高廷禮一三家村塾師才料，那許渠開口道人！（卷五。頁二四）

「古詩評選」評王僧達「依古」云：

古人詩自有有序次者，不唯唐人爲然。顧唐人作兩三截詩，有緣起、有轉入、有回繳。不爾，則自疑其不清。古人但因事序入，或直或紆，前後不勞映帶而自融合，首末結成一片，隨手意致自到矣。（卷五。頁一七）

可概示王氏對這問題的看法。

所以，王氏注重謀篇而反對謀句。「唐詩評選」評錢起「早下江寧」云：

中唐之病，在謀句而不謀篇，琢字而不琢句，以故神情離脫者，往往有之。（卷三。頁一一三）

謀篇之佳者，王氏力加讚之。「古詩評選」評沈約「吳中禮石佛」云：

謀篇整度，已得康樂之髓，而純好駸欲度其前。（卷五。頁二二六）

同書評曹丕「丹霞蔽日行」云：

謀篇之潔，蔑以加矣。遂爾，前有萬年，後有百世。（卷一。頁一一）

評謝惠連「秋胡行」「繫風捕影」一首云：

擢空單拈一段，而秋胡一案，只此決盡。一面紀事，一面起論斷案，不作兩截。謀篇之工，益使風神掩映。（卷一。頁二〇）

謀篇，則不會斤斤於一字一句之工，而能依心目相取處所湧現之情之事之景，委婉含蓄屈伸表露，似有法而實無法，似無法而實有法。這是王夫之對詩法的基本見解。

五、王夫之論詩的鑑賞

王夫之重視讀者對詩作的反應，認爲詩作是否能夠感動與觸引讀者，乃其是否生動的關鍵。在詩評中，他常用「動人」、「引人」來說明生動的詩作對於讀的感染作用。如「古詩評選」評曹叡「步出夏門行」云：

興比雜用，有如冗然，正是其酣暢動人處，樂府正自以動人爲至。（卷一。頁一五）

同書評曹丕「猛虎行」云：

端際密窅微情，正爾動人，於藝苑詎不稱聖？（卷一。頁九）

評謝莊「北宅秘園」云：

兩間之固有者自然之華，因流動生變，而成其綺麗。心目之所及，文情赴之，貌其本榮，如所存而顯之，卽以華奕照耀動人無際矣。（卷五。頁一二）

評曹丕「釣竿」云：

讀子桓樂府，卽如引人於張樂之野，冷風善月，人世陵囂之氣，淘汰俱盡。古人所貴於樂者，將無在此？（卷一。頁九）

「唐詩評選」評杜甫「城西陂泛舟」云：

夔州以後詩，自可引人嫚爛，思有閑則韵得迴翔，必推早歲絕倫。（卷四。頁一〇）

而欲令讀者動心，再三吟咏，其中的一種作法就是使所寫的不落入讀者的意度中，則可令讀者遐思。

「唐詩評選」評杜甫「遣興」云：

宛折有神，乃以直承魏晉，上古人作一直語，必不入人意中，直而可以人意射得者，元白之所輕俗也。（卷二。頁一二）

王氏也用「令人不知」，「不測所指」，「無從找覓」，「不測其緒」，「不使所思者一見端緒」

等語來說明這種表現手法的藝術效果。如「明詩評選」評張羽「月夜舟行入金山」云：

妙在令人不知爲金山詩，張祜小子，渠寧不逢蘇君之世。（卷四。頁一三）

「古詩評選」評吳均「行路難」「君不見長安路」一首云：

「至尊離宮」一轉，初不作大掀翻，而出入離合之妙，正自在人心中，乃復無從尋覓，必辨（辨）此神技，方可作「行路難」，與鮑明遠相見於朱旗畫鼓之間。（卷一。頁三二）

評曹操「秋胡行」云：

當其始唱，不謀其中；言之已中，不知所畢；已畢之餘，波瀾合一。然後知始以此始，中以此中，此古人天文斐蔚夭矯引伸之妙。蓋意伏象外，隨所至而與俱流，雖令尋墨者不測其緒。（卷一。頁八）

評雜曲「傷歌行」云：

雜用景物入情，總不使所思者一見端緒，故知其思深也。（卷一。頁四）

而詩之可貴處，卽在於以其含蘊豐富，趣致無窮之特色，令讀者鑑賞，這也是它與其他文體不同的地方。「明詩評選」評蔣山卿「北狩凱旋歌」云：

詩待解人字外求之，不如上書著論，可直言無諱耳。風雅謨訓，各自有體，不然，聖人不須六經。（卷八。頁一二）

「唐詩評選」評高適「自薊北歸」云：

文章之道，自各有宜，典冊檄命，固不得不以爽厲動人于俄頃。若夫絜音使圓，引聲為永者，自藉和遠幽微動人欣戚之性。（卷三。頁一四）

同時也可以因此而引起讀者結合本身的情思，發揮各種的想像，而各有各自的體會。「詩繹」云：

作者用一致之思，讀者各以其情而自得。（「薑齋詩話」卷上。「清詩話」。頁三）

就是這個意思。基於此種認識，他進而發揮他對「論語」「陽貨」篇所說的「詩可以興、可以觀、可以群，可以怨」的看法，並靈活地就讀者賞詩的立場將四者的關係，有機地連繫起來。「詩繹」云：

「詩可以興，可以觀，可以群，可以怨。」盡矣。辨漢、魏、唐、宋之雅俗得失以此，讀「三百篇」者必此也。「可以」云者，隨所「以」而皆「可」也。於所興而可觀，其興也深；於所觀而可興，其觀也審。以其群者而怨，怨愈不忘；以其怨也而群，群乃益摯。出於四情之外，以生起四情；遊於四情之中，情無所窒。（同上）

「詩廣傳」云：

方其群而不忘夫怨，而其怨也旁寓而不觸，則方怨而不固不失其群，於是其群也深值而不昧。夫怨而可以群，群而可以怨，唯三代之詩人為能，無他，君子辭焉耳。（卷四。頁一二四）

「四書訓義」亦云：

詩之泳游以體情，可以興矣；褒刺以立義，可以觀矣！出其情以相示，可以群矣；含其情而不盡於言，可以怨矣。其相親以柔也，邇之事父者道在也；其相協以肅也，遠之事君者道在也。

聞鳥獸草木之名而不知其情狀，日用鳥獸草木之利而不知其名，詩多有焉。小子學之，其可興者即其可觀，勸善之中而是非著；可群者即其可怨，得之樂則失之哀，失之哀則得之愈樂。事父即可事君，無已之情一也；事君即以事父，不懈之敬均也。鳥獸草木並育不害，萬物之情統於合矣。小子學之，可以興觀者即可以群怨，哀樂之外無是非；可以興觀群怨者，即可以事君父，忠孝善惡之本，而歆於善惡以定其情，子臣之極致也。鳥獸草木亦非理之所著，而情亦不異矣。可以者，無不可焉，隨所以而皆可焉。古之為詩者，原立於博通四達之途，以一性一情周人情物理之變，而得其妙，是故學焉而所益者無涯也。小子，何莫學夫詩也？（卷二。頁九至十）

並舉實例以說明這個道理云：

故「關雎」，興也；康王晏朝，而即為冰鑑；「訏謨定命，遠猷辰告」，觀也；謝安欣賞，而增其遐心。人情之遊也無涯，而各以其情遇，斯所貴於有詩。（「薑齋詩話」卷上。「清詩話」。頁三至四）

也以此理評述前代詩篇。如「古詩評選」評「古詩十九首」「行行重行行」云：

十九首該情一切，群怨俱宜，詩教良然，不以言著。（卷四。頁一）

同書評阮籍「詠懷」「開秋兆涼氣」一首云：

唯此窅窅搖搖之中，有一切眞情在內，可興、可觀、可群、可怨，是以有取于詩。（卷四。頁一六）

評袁彖「遊仙」云：

無端無委，如全匹成熟錦。首末一色，唯此故令讀者可以其所感之端委為端委，而興觀群怨生焉。（卷五。頁二三）

所以，他在談論一些可能影響詩情流貫的詩作手法時，就特別提醒作者須顧及讀者的鑑賞而運用這些技巧。如「古詩評選」評張載「招隱」，就強調詩入議論時須顧及讀者的興觀群怨的作用。其言云：

議論入詩，自成背戾。蓋詩立風旨以生議論，故說詩者於興觀群怨而皆可。若先為之論，則言未窮而意已先竭。在我已竭而欲以生人之心，必不任矣。以鼓擊鼓，鼓不鳴；以桴擊桴，亦槁木之音而已。（卷四。頁二六）

「夕堂永日緒論內編」論詩之用事亦然，其言云：

用事不用事，總以曲寫心靈，動人興觀群怨，却使陋人無從支借。（「薑齋詩話」卷下。「清詩話」。頁一七）

同樣的，他也要求讀者必須能夠認識到詩的特性，詩的妙致以賞詩。他極不滿意無視詩的特色而以以經生家訓詁的方法或另立一套道理來解詩。「夕堂永日緒論內編」云：

興、觀、群、怨，詩盡於是矣。經生家分析「鹿鳴」、「嘉魚」為群，「柏舟」、「小弁」為怨，小人一往之喜怒耳，何是以言詩？「可以」云者，隨所「以」而皆「可」也。（同上書。頁八）

所以「唐詩評選」評儲光羲「田家即事」云：

以蚯蚓句與田鳥句作排偶，正是古詩至處，「豳風」鸛鳴婦歎，亦但如此。註疏家必欲立食蟻

知雨之說，固哉其爲詩也。（卷二。頁五）

「古詩評選」評張載「招隱」云：

議論入詩，自成背戾。……唐宋人詩惜短淺，反資標說。其下乃有如胡曾「詠史」一派，直堪爲塾師放晚學之資，足知議論立而無詩。允矣。（卷四。頁二六）

評鮑照「登黃鶴磯」云：

經生之理，不關詩理；猶浪子之情，無當詩情。（卷五。頁一三）

「詩繹」云：

近有吳中顧夢麟者，以帖括塾師之識說詩，遇轉則割裂，別立一意。不以詩解詩，而以學究之陋解詩，令古人雅度微言，不相比附。陋子學詩，其陋必至於此。（「薑齋詩話」卷上。「清詩話」。頁五）

「夕堂永日緒論內編」云：

近有顧夢麟者，作「詩經塾講」，以轉韻立界限，劃斷意旨，劣經生桎梏古人，可惡孰甚焉。（「薑齋詩話」卷下。「清詩話」。頁一〇）

「古詩評選」評陶潛「停雲」「停雲靄靄」一首云：

用興處只顚倒上章，而愈切愈苦者，在音響感人，不以文句求也如是。此等處，令經生家更無討線索地。（卷二。頁一四）

同書評庾闡「觀石鼓」云：

此公安頓節族，大抵以當念情起卽事先後爲序，是詩家第一矩矱，神授之而天成之也。嗚呼！世無知此者，而「三百篇」之道泯矣。乃更以其矩矱矩矱「三百篇」，如經生之言詩，愚弗可瘳，亦將如之何哉？（卷四。頁三〇）

「詩繹」則五，王夫之親析王昌齡「少年行」與「小雅」「出車」末章，以與「訓詁家」析詩比較，更可見及他不滿後者論詩之所在。其言云：

唐人「少年行」云：「白馬金鞍從武皇，旌旗十萬獵長楊。樓頭少婦鳴箏坐，遙見飛塵入建章。」想知少婦遙望之情，以自矜得意，此善於取影者也。「春日遲遲，卉木萋萋，倉庚喈喈，采蘩祁祁。執訊獲醜，薄言還歸。赫赫南仲，玁狁于夷。」其妙正在此。訓詁家不能領悟，謂婦方采蘩而見歸師，旨趣索然矣。建旌旗，擧矛戟，車馬喧闐，凱樂競奏之下，倉庚何能不驚飛，而尙聞其喈喈？六師在道，雖曰勿擾，采蘩之婦亦何事暴面於三軍之側邪？征人歸矣，度其婦方采蘩，而聞歸師之凱旋，故遲遲之日，萋萋之草，鳥鳴之和，皆爲助喜；而南仲之功，震於閨閣。室家之欣幸，遙想其然，而征人之意得可知矣。乃以此而稱「南仲」，又影中取影，曲盡人情之極至者也。（「薑齋詩話」卷上。「淸詩話」。頁四）

是以他反對鑑賞者以出處求析詩章。「夕堂永日緒論內編」云：

「落日照大旗，馬鳴風蕭蕭」，豈以「蕭蕭馬鳴，悠悠旆旌」爲出處邪？用意別，則悲愉之景原不相貸，出語時偶然湊合耳。必求出處，宋人之陋也。其尤酸迂不通者，既於詩求出處，抑以詩爲出處考證事理，杜詩：「我欲相就沽斗酒，恰有三百靑銅錢。」遂據以爲唐時酒價。崔國輔詩：「與沽一斗酒，恰用十千錢。」就杜陵沽處販酒，向崔國輔賣，豈不三十倍獲息錢邪？求出處者，其可笑類如此。（「清詩話」。頁一七）

也反對妄附譏刺以解詩者。如「唐詩評選」評杜甫「野望」云：

詩有必有影射而作者，如供奉「遠別離」，使無所爲，則成囈語，其源自左徒「天問」、平子「四愁」來；亦有無爲而作者，如右丞「終南山」，非有所爲豈可不以此咏終南也？宋人不知比賦，句句爲之牽合，乃章惇一派舞文陷人機智。謝客「池塘生春草」是何等語，亦坐以譏刺，瞎盡古今人眼孔，除眞有眼人迎眸不亂耳。（卷三。頁一八）

因此，他不滿後人求出處，求影射以析杜詩字句，「夕堂永日緒論內編」云：

一部杜詩爲劉會孟陻塞者十之五，爲「千家註」沈埋者十之七，爲謝疊山、虞伯生汙衊更無一字矣。開卷「龍門奉先寺」詩：「天闕象緯通，雲臥衣裳冷。」盡人解一「臥」字不得，祇作人臥雲中，故於「闕」字生許多胡猜亂度。此等下字法，乃子美早年未醇處，從陰鏗、何遜來，向後脫卸乃盡，豈黃魯直所知邪？至「沙上鳧雛傍母眠」，誣爲嘲誚楊貴妃、安祿山，則市井惡少造謠歌誚鄰人閨閫惡習，施之君父，罪亦不容於死矣。（「薑齋詩話」卷下。「清詩話」。頁一七）

對於不理詩之特性，以一套規法以析詩者，王氏常稱之爲淺人。如「唐詩評選」評張若虛「春江花月夜」云：

句句翻新，千條一縷，以動古今人心脾，靈愚共感。其自然獨絕處，則在順手積去，宛爾成章，令淺人言格局，言提唱、言關鎖者，總無下口分在。（卷一。頁五）

或稱之爲「淺夫」。「古詩評選」評嵇康「贈秀才入軍」云：

> 賦卽事自遠，淺夫或以比求之。（卷二。頁六）

並譏刺這些人在面對生動變化的詩章時完全不知所措。如「古詩評選」評庾信「楊柳行」云：

> 七言長篇，此爲最初元聲矣。一面敍事，一面點染生色，自有次第而非史傳箋註論說之次第。逶迤淋漓，合成一色，雖盡力抉出示人而淺人終不測其所謂。（卷一。頁三六）

同書評吳均「擬行路難」「君不見，上林苑」一首云：

> 前八句似正說，實非正說；非比說，又似比說，令淺人從何找覓。（卷一。頁三二）

基於此，王夫之勸勉讀者賞詩，不能執着於詩的一字一句，只是以耳目薦取。「古詩評選」評阮籍「詠懷」云：

> ……其託體之妙，或以自安，或以自悼，或標物外之旨，或寄疾邪之思，竟固徑庭而言皆一致，信其但然而又不徒然，疑其必然而彼固不然，不但當時雄猜之渠長無可施，其怨忌且使千秋以還了無覓脚根處。蓋詩之爲教，相求于性情，固不當容淺人以耳目薦取。……（卷四。頁一五）

詩之鑑賞，其特色在有形的作品能啓發讀者無形之想像，而讀者的無形的想像，更能顯示詩作的豐富內涵。用王夫之的話來說，卽爲：

文句之用，有形發未形、未形君有形。

讀者賞析詩，則不可以耳目，而必須以心。「古詩評選」評「古詩十九首」「西北有高樓」一首云：

來端不可知，自然趨赴。以目視者淺，以心視者長。（卷四。頁一）

詩情曲折，詩境悠遠，詩致在字之內，更在字之外，因此賞詩不能自困於文字，而須循聲測影以探之。同書評阮籍「詠懷」云：

但如此詩，以淺求之，若一無所懷，而字後言前、眉端吻外，有無盡藏之懷，令人循聲測影而得之。（卷四。頁一四）

若能吟俄涵咏，於默識冥搜中，更能領會詩之妙趣。故「詩繹」云：

「采采芣苢」，意在言先，亦在言後，從容涵咏，自然生其氣象。（「薑齋詩話」卷上。「清詩話」。頁頁四）

同書評鮑照「擬行路難」「君不見、冰上霜」云：

看明遠樂府，別是一味，急切覓佳處，早已失之。吟咏往來，覺蓬勃如春煙彌漫，如秋水溢目盈心，斯得之矣。（卷一。頁二六）

以上是王夫之對詩鑑賞之看法。

六、王夫之評詩壇習氣

由主張詩之寫作須經詩人情思之醞釀曲折含蓄地完成，王夫之進而批評當時與前代詩壇之不良習氣，認爲這些習氣，都會困縛詩人之情思，影響詩章之思致。

首先，他反對詩人講派別、立門庭。理由有以下幾點：

㈠樹立門庭，必欲人學已。詩人至此，充其量亦不過是一名藝苑教師而已。故「夕堂永日緒論內編」云：

一解奕者，以誨人奕爲遊資。後遇一高手，與對奕，至十數子，輒揶揄之曰：「此教師碁耳！」詩文立門庭，使人學已，人一學卽似者，自詡爲「大家」，爲「才子」，亦藝苑教師而已。高廷禮、李獻吉、何大復、李于鱗、王元美、鍾伯敬、譚友夏、所尙異科，其歸一也。（「薑齋詩話」卷下。「清詩話」。頁一四至一五）

「明詩評選」評湯顯祖「答丁右武稍遷南僕丕懷僊作」云：

……三百年來，李何王李二袁鍾譚，人立一宗，皆教師槍法，有花樣可尋，故走死天下如鶩。……（卷四。頁三九）

㈡樹立門庭，欲人學已，則必規定一套局格教人作詩，致使詩作無性情、無思致，陷入死法泥坑，自縛縛人。「夕堂永日緒論內編」云：

纔一立門庭，則但有其局格，更無性情、更無興會、更無思致；自縛縛人，誰爲之解者？昭代風雅，自不屬此數公。……李文饒有云：「好驢馬不逐隊行。」立門庭與依傍門庭者，皆逐隊

者也。（「薑齋詩話」卷下。「清詩話」。頁一五）

建立門庭，自建安始。……立「才子」之目，標一成之法，扇動庸才，旦倣而夕肖者，原不足以羈絡騏驥。唯世無伯樂，則駕鹽車上太行者，自鳴駿足耳。（同上）

同書亦云：

㈢建立門庭，羅致趨赴之客，充風雅牙行，伸紙揮毫，又何風雅之有？「夕堂永日緒論內編」云：

建立門庭，自建安始。曹子建鋪排整飾，立階級以賺人升堂，用此致諸趨赴之客，容易成名。伸紙揮毫，雷同一律。……降而蕭梁宮體，降而王、楊、盧、駱，降而大曆十才子，降而溫、李、楊、劉，降而江西宗派，降而北地、信陽、琅琊、歷下，降而竟陵，所翕然從之者，皆一時和哄漢耳。（同上）

「明詩評選」評王穉登「古意」云：

……于鱗云：「唐無五言古詩。」不知彼黨中人，更無一字，總由囂氣怒張，傲僻嗲絞，假建安爲護過之名，標風骨爲大雅之迹，百年以還，愈趨愈下，乃至竟陵尖陋俚俗之言，亦欲上參陶謝。……（卷四。頁三七）

㈣樹立門庭，必一面互相標榜，另一面則互斥對方，引起無謂之論爭。「夕堂永日緒論內編」云：

……李杜代興，杯酒論文，雅稱同調，而李不襲杜，杜不謀李，未嘗黨同伐異，畫疆墨守。沿及宋人，始爭疆壘。歐陽永叔亟反楊億、劉筠之靡麗，而矯枉已迫，還入於枉，遂使一代無詩，掇拾誇新，殆同觴令。胡元浮艷，又以矯宋為工，蠻觸之爭，要於興觀群怨，絲毫未有當也。

（「薑齋詩話」卷下。「清詩話」。頁一五至一六）

「明詩評選」評李夢陽「贈青石子」云：

……要以平情論之，北地天才自出公安下，六義之旨亦墮一偏，不得如公安之大全。至于引情動思，含深出顯，分脛臂，立規宇，驅俗劣，安襟度，高出于竟陵者，不啻華族之視儈魁，此皇明詩體三變之定論也。乃以一代宗工論之，則三家皆不足以相當，前如伯溫、來儀、希哲、九逵，後如義仍，自足鼓吹四始。三家者豈橫得譽亦橫得毀？如吳越爭霸，「春秋」之所必略，蝸角虛爭，徒勞而已。三家之興，各有徒衆，北地之裔，恣聲醉呶，掣如狂兕，康德涵、何大復而下，愈流愈莽；公安乍起，即為竟陵所奪，其黨未盛，故其敗未極，以俗誕而壞公安之風矩者，雷何思，江進之數子而已。若竟陵，則普天率土乾死時文之經生，拾瀋行乞之遊客，樂其淫佻而易從之，乃至鬻色老嫗且為分壇坫之豐度，則回思北地，又不勝朱絃疏越之想。（卷四。頁三〇至三一）

㈤樹立門庭，人但求才子之名，凡作詩則據幾部韻書類書，遇題查湊，實屬可悲，而更可悲者，係將一些熟字拼湊而號為詩。「夕堂永日緒論內編」云：

所以門庭一立，舉世稱為「才子」，為「名家」者，有故。如欲作李、何、王、李門下厮養，但買得「韻府群玉」、「詩學大成」、「萬姓統宗」、「廣輿記」四書置案頭，遇題查湊，即無不足。若欲吮竟陵之唾液，則更不須爾，但就措大家所誦時文「之」、「於」、「其」、「以」、「靜」、「澹」、「歸」、「懷」，熟活字句，湊泊將去，即已居然詞客。如源休一收圖籍，即自謂酇侯，何得不向白華殿擁戴朱泚邪？爲朱泚者，遂褒然自以爲天子矣。舉世悠悠，才不斂，學不充，思不精，情不屬者，十姓百家而皆是，有此方便門大德功主，誰能舍之而去？其下更有皎然「詩式」一派下游，印紙門神待塡朱綠者，亦號爲詩。「莊子」曰：「人莫悲於心死。」心死矣，何不可圖度予雄邪？（「薑齋詩話」卷下。「清詩話」。頁一六）

「古詩評選」評張正見「隴頭水」云：

梁陳以來，所尙者使事，而拙者不能多讀書，雖讀亦復不解。迨其愈下，則有纂集類書以供塡入之惡習。故序古則亂漢爲秦，遂張作李；紀地則燕與秦連，閩與粤混。……嘗謂天下書皆有益而無損，下至酒坊帳册，亦可因之以識人姓字；其能令人趨于不通者，惟類書耳。「事文類聚」、「白孔六帖」、「天中記」、「潛確類書」、「世說新書」、「月令廣義」一流惡書，案頭不幸而有此，眞如瘧鬼纏人，且如傳尸勞瘵，非鐵鑄漢其不死者，千無一二也，悲夫。（卷一。頁三三至三四）

所以，王夫之對不受門戶局束，而能有自己風格的詩人，常給予讚揚。如評郭璞、阮籍、謝靈運、陶淵明、左思、張協云：

……如郭景純、阮嗣宗、謝客、陶公，乃至左太沖、張景陽，皆不屑染指建安之羹鼎，視子建

薦如矣。（「夕堂永日緒論內編」。「清詩話」。頁一五）

評庾信、陳子昂、張九齡云：

宮體盛時，卽有庾子山之歌行，健筆縱橫，不屑煙花簇。唐初比偶，卽有陳子昂、張子壽，扢揚大雅。（同上）

評劉基、高啓云：

……伯溫、季廸以和緩受之，不與元人競勝，而自問風雅之津，故洪武間詩教中興，洗四百年三變之陋。（同上書。頁一六）

又評劉基、高啓、劉炳、貝瓊、孫蕡、周砥、徐禎卿、高叔嗣、李東陽、徐渭等人云：

若劉伯溫之思理、高季廸之韵度、劉彥昺之高華、貝廷琚之俊逸、湯義仍之靈警，絕壁孤騫，無可攀躡，人固望洋而返；而後以其亭亭嶽嶽之風神，與古人相輝映。次則孫仲衍之暢適、周履道之蕭清、徐昌穀之密贍、高子業之戌削、李賓之之流麗、徐文長之豪邁，各擅勝場，酣以自得。正以不懸牌開肆，充風雄牙行，要使光燄熊熊，莫能揜仰，豈與碌碌諸子爭市易之場哉？（同上書。頁一五）

「明詩評選」評楊維楨「送貢尚書入閩」亦云：

宋元以來，矜尚巧湊，有成字而無成句，鐵崖起以渾成易之，不避粗、不畏重，洶萬里狂河一山砥柱矣。（卷六。頁三至四）

而對有才思而淪爲門庭中人之詩作者，王氏常表示惋惜。如「明詩評選」評李攀龍「寄許殿卿」云：

> 破盡格局，神光獨運。于鱗自有此輕微之思、深切之腕，可以天游藝苑。其不幸而以麤豪誕率標魔詩宗派者，正坐爲謝榛宗臣輩牽率耳。不似鍾伯敬，全身埋入醋甕，尚賴譚友夏劉同人提携之力，稍露雙鼻孔出氣也。（卷五。頁三四）

同書評王思任「薄雨」云：

> ……詎菴鴻寶，大節磊砢，皆豪傑之士，視鍾譚相去河漢，而皆不能自拔，則沈雨若張草臣周伯孔之沿竟陵門，持竟陵鉢者，又不足論已，聊爲三嘆！（卷五。頁四四）

其次，王氏反對詩壇的餖飣風氣。所謂餖飣，即不依詩人之心靈感興，而是借前人之陳事熟句餖湊成篇。「夕堂永日緒論內編」云：

> 立門庭者必餖飣，非餖飣不可以立門庭。蓋心靈人所自有，而不相貸，無從開方便法門，任陋人支借也。人譏西崑體爲獺祭魚，蘇子瞻、黃魯直亦獺耳。彼所祭者肥油江豚，此所祭者吹沙跳浪之鱨鯊也。除却書本子，則更無詩。（「薑齋詩話」卷下。「清詩話」。頁一七）

這就牽涉到詩是否可以用事的問題。王夫之並不完全反對用事，他審查用事之當與不當，好與不好的標準，在於它是否與作者心靈契合並且婉曲的表達，以及它是否能感染讀者。所以「夕堂永日緒論內編」云：

> ……如劉彥昺：「山圍曉氣蟠龍虎，臺枕東風憶鳳凰。」貝廷琚詩：「我別語兒溪上宅，月當

二十四回新。如何萬國尚戎馬，只恐四鄰無故人。」用事與不用事，總以曲寫心靈，動人興觀群怨，却使陋人無從支借。唯其不可支借，故無有推建門庭者，而獨起四百年之衰。（同上）

因此他指出用事應在心目間，如「明詩評選」評李夢陽「黃州」云：

心目用事，自該群動，唯開天諸公能之，此猶踞供奉爐上著火。（卷七。頁四）

用事必須合情，與情契合，同書評王穉登「寄袁南寧」云：

使事合情，弄丸之巧，高亮清新，嘉州以還，不多得也。（卷五。頁三六）

「古詩評選」評宗懍「春生」云：

句句用事，句句入情，自然瓌瓏迴出。

也是此意。因此，他盛讚用事有意致、有思致、靈動，及具有風華之詩作。如「古詩評選」評隋煬帝「持檝篇賜吳絳仙」云：

使事有意致。（卷三。頁九）

同書評張正見「行經李子廟」云：

五六寫入蒼涼，在近體中謂之氣骨。用事殊有思致，亦後人之所尚也。（卷六。頁一〇）

評薛道衡「梅夏應敎」云：

五六用事靈動。（卷六。頁一六）

評庾信「道士步虛詞」云：

使事有風華。（卷六。頁一四）

其佳者在用事入化，用事如不用，無使事痕迹，使人不覺。如「唐詩評選」評杜甫「琴台」云：

「人間世」、「日暮雲」，用古入化。凡用事，用成語、用景語不能爾者，無勞驅役。（卷三。頁二二）

「明詩評選」評高啓「當壚曲」云：

用事如不用，一色神采。（卷一。頁六）

「古詩評選」評蕭詮「賦得婀娜當軒織」云：

圓潤，無使事之痕。（卷一。頁三四）

「唐詩評選」評杜審言「和韋承慶過義陽公主山池」「賞沅期他日」一首云：

撰制已詣奇，以不涉淩厲故，居然風始，八水九疑，用事不覺。（卷三。頁六）

在王氏的詩論中，亦曾抨擊盤據詩壇之惡詩。「夕堂永日緒論內編」云：

門庭之外，更有數種惡詩：有似婦人者，有似衲子者，有似鄉塾師者，有似遊食客者。婦人、衲子，非無小慧。塾師，遊客，亦侈高談。但其識量不出鹹線、蔬筍、數米、量鹽、抽豐、告貸之中，古今上下，哀樂了不相關；即令揣度言之，亦粤人咏雪，但言白冷而已。（「薑齋詩話」卷下。「清詩話」。頁二〇）

並進而指出這些惡詩之形成原因，性質及其影響云：

然此數者，亦有所自來，以爲依據。似婦人者，做國風而失其不淫之度；晉宋以後，柔曼移於壯夫；近則王辰玉、譚友夏中之。似衲子者，其源自東晉來。鍾嶸謂陶令爲「隱逸詩人之宗」，亦以其量不弘而氣不勝，下此者可知已。自是而賈島固其本色；陳無已刻意冥搜，止墮齏鹽巢臼；近則鍾伯敬通身陷入；陳仲醇縱饒綺語，亦宋初九僧之流亞耳。似塾師、遊客者，「衞風」「北門」實爲作俑。彼所謂「政散民流，誣上行私而不可止」者，夫子錄之，以著衞爲狄滅之因耳。陶公「飢來驅我去」，誤墮其中；杜陵不審，鼓其餘波。嗣後啼飢號寒，生門求索之子，奉爲羔雉，至陳昂、宋登春而醜穢極矣。學詩者一染此數家之習，白練受汚，終不可復白，尙戒之哉！（同上書。頁二〇至二一）

在詩評中，王氏亦大力批評這些惡詩，如「唐詩評選」評釋靈徹「送鑒供奉歸蜀寧親」云：

僧詩如猩猩、女郎詩如鸚鵡，曲學人語，大都不離其氣。（卷四。頁三三）

同書評同作者「和于使君思上京親故」亦云：

僧詩大抵與女子等，一爲鸚鵡，一爲鴝鵒。學語時似，好事者便與增其聲價，所惡者不自料量，似其藕絲之力，妄欲縛人。（卷三。頁二六）

「明詩評選」評孫蕡「南京行」云：

成化以降，姑蘇一種惡詩，如盲婦所唱琵琶絃子詞，挨日頂月，謰謱不禁，長至千言不休，歌行憊賤，於斯極矣。（卷二。頁六）

同書評石寶「擬君子有所思行」云：

……陳昂宋登春一開口便作悲田院語，渠八識田中，止有妄想他人銀錢酒錢種子，借令擺脫，翻不得似。詩之不可僞也，有如此夫！（卷一。頁一〇至一一）

「古詩評選」評曹植「贈王粲」云：

……子建橫得大名，酌其定品，正在陳琳阮瑀之下，公燕侍坐，拖沓如肥人度暑，一令旁觀者眉重，而識趣卑下，往往以流俗語入吟咏，幾爲方干杜荀鶴一流人作俑，而潘尼沈約駱賓王李頎，皆其嫡系，如「良田無晚歲，膏澤多豐年；亮懷璠璵美，積久德彌宣。」以腐重之辭，寫鄙穢之情，風雅至此，掃地盡矣。又如「積善有餘慶，榮枯立可須。」居然一鄉約老叟壁上語。至云：「看來不虛歸，觴至反無餘。」則饞涎噴人，止堪爲悲田院作譜耳。古今人瞳矓雙眼，生爲此兒埋沒。其父篡祚，其子篡名，無將之誅，當不下於阿瞞。（卷四。頁一〇）

同書評「子夜春歌」云：

……子夜讀曲等篇，舊刻樂府，既不可登諸管絃，雖下里或謳吟之，亦小詩而已。晉宋以還，傳者幾至百篇，歷代藝林，莫之或采。自竟陵乘閏位以登壇，奬之使厠於風雅，乃其可讀者一二篇，其他媟者如靑樓啞謎，黠者如市井局話，蹇者如閩夷鳥語，惡者如酒肆拇聲，澀陋穢惡，稍有鬚眉人見欲噦，而竟陵唱之，文士之無行者，相與斆之，誣上行私以成亡國之音，而國遂亡矣。竟陵滅裂風雅，登進淫靡之罪，誠爲戎首，而生心害政，則上結獸行之宣城，以毒淸流

下傳賣國之貴陽，以殄宗社。凡民罔不讎，非竟陵之歸，而歸誰邪？推本禍原，爲之眥裂。（卷三。頁二）

「唐詩評選」評杜甫「漫成」云：

……杜又有一種門面攤子句，往往取驚俗目，如「水流心不競，雲在意俱遲」，裝名理爲腔殼；如「致君堯舜上，力使風俗淳」，擺忠孝爲局面，皆此老人品心術學問器量大敗闕處，或加以不虞之譽，則紫之奪朱，其來久矣。「七月」、「東山」、「大明」、「小毖」，何嘗如此哉？（卷三。頁二〇）

由以上舉述，可知王氏不滿「惡詩」，乃在詩作者氣量不宏，心術不正，胸次不高，詩作過於直露，媚俗嘩衆，或情感褊狹，淡薄無味。基於這種態度，他也批評具有山人氣、蔬笋氣、頭巾氣、帖括氣、婆媳氣之詩作。如「古詩評選」評陶潛「擬古」云：

直矣而不傷褊，山人詩雖曲亦褊，孟浩然當之。（卷四。頁三五）

「明詩評選」評倪瓚「聽袁子方彈琴」云：

孟浩然詩十九失之褊，褊則滿紙皆山人氣，學孟者往往蹈此。（卷四。頁七）

而王氏顯然將山人詩失之于褊之因，歸之於詩之氣局拘迫，以致酸餡氣重。「唐詩評選」評孟浩然「臨洞庭」云：

襄陽律……氣局拘迫，十九淪於酸餡。（卷三。頁一三）

因此乃讚揚詩作之能脫卸山人氣者，「明詩評選」評徐璘「江上別盛太學與明」云：

神晴魄暎，山人氣到此翁，乃脫卸淨盡。不易不易。（卷五。頁三二）

同書評倪瓚「送僧遊天台次張外史韻」云：

矜度廣遠，雲林山人氣，至此脫盡，卽入錢、劉，不妨作者。（卷六。頁六）

至於「唐詩評選」評綦母潛「宿龍興寺」云：

禪理詩只此不墮蔬笋氣。（卷三。頁一五）

「明詩評選」評張治「江宿」云：

詩有詩筆，猶史有史筆，亦無定法，但不以經生詳略開合脈理求之，而自然卽於人心卽得之矣。王季重鑴心入巧，唯不知此，遂無一語脫頭巾氣。（卷五。頁二八）

「古詩評選」評陸機「贈潘尼」云：

平原茲製，詎可云有註疏帖括氣哉？（卷二。頁八）

同書評謝惠連「西陵遇風獻康樂五章」「我行指孟春」一首云：

說事說情，使唐人爲之，一片婆媳氣矣，看他高貴。（卷五。頁九）

則分別提出他對頭巾氣、蔬笋氣、括帖氣、婆媳氣的看法。

王氏極爲不滿的，就是詩作之有浪子之狂，山人之褊與措大之酸者。「古詩評選」評陶潛「歸鳥」云：

……凡才情用事者，皆以闇然媚世爲大病。媚浪子、媚山人、媚措大，皆詩之賊也。夫浪子之狂、山人之褊、措大之酸，而尙可與言詩也哉！有才情者，亦尙知所耻焉。（卷二。頁一六）

評山人之褊之見，前已言及。評浪子之狂，則見於「明詩評選」評譚友夏「安慶」語。其言云：

人自有幸不幸，如友夏者，心志才力所及，亦不過爲經生爲浪子而已。偶然吟咏，或得慧句，大略於賈島，陳師道法中依附光影。初亦何敢以易天下，古今初學詩人如此者，亦車載斗量，不足爲功罪也。無端被一時經生浪子挾庸下之姿，妄篡風雅，喜其近已，翕然宗之，因昧其本志而執牛耳，正如更始稱尊，冠冕峨然，而心懷忸怩，諒之者亦不能爲之恕已。……（卷七。頁八）

「古詩評選」評鮑照「登黃鶴磯」云：

……經生之理，不關詩理？猶浪子之情，無當詩情。

而評及措大之酸者尤多。「明詩評選」評皇甫涍「謁伍子胥廟」云：

弔古詩必如此，乃有我位，乃有當時現量情景。不爾，預擬一詩入廟黏上，饒伊識論英卓，只是措大鐙窗下鑽故紙物事，正恐英鬼笑人學一段話，來跟前賣弄也。（卷四。頁三四至三五）

同書評趙南星「灌園」云：

「衣食生君臣，忠孝復何有」，使納之「詩歸」中，必爲鍾譚所推獎，然鍾譚實不知此種語有風雅者，有酸餡者作何分別，一以靈快賞之，走死措大于荆榛，何嗟及矣。（卷四。頁三八）

評王世懋「橫塘春泛」云：

……關情是雅俗鴻溝。不關情者貌雅必俗。然關情亦不易。鍾譚亦未嘗不以關情自賞，乃以措大攢眉、市井附耳之情爲情，則插入酸俗中爲甚。情有非可關之情者，關焉而無當，于關又奚足貴哉？（卷六。頁二一）

評袁宏道「和萃芳館主人魯印山韵」亦云：

……王李出而後用字之事興，用字不可謂魔，只是亡賴偏方下邑劣措大賴歲考捷徑耳。（卷六。頁二八）

他也不滿「沈迷不反，以身爲妖冶之媒」之艷詩。「夕堂永日緒論內編」云：

艷詩有述歡好者，有述怨情者，「三百篇」亦所不廢。顧皆流覽而達其定情，非沈迷不反，以身爲妖冶之媒也。嗣是作者，如「荷葉羅裙一色裁」，「昨夜風開露井桃」，皆艷極有所止。至如太白「烏栖曲」諸篇，則又寓意高遠，尤爲雅奏。其述怨情者，在漢人則有「青青河畔草，鬱鬱園中柳」，唐人則「閨中少婦不知愁」，「西宮夜靜百花香」，婉孌中自矜風軌。迨元白起，而後將身化作妖冶女子，備述衾裯中醜態；杜牧之惡其蠱人心，敗風俗，欲施以典刑，非已甚也。近則湯義仍屢爲泚筆，而固不失雅步。唯譚友夏渾作青樓淫咬，鬚眉盡喪；潘之恒輩又無論已。「清商曲」起自晉宋，蓋里巷淫哇，初非文人所作，猶今之「劈破玉」、「銀紐絲」耳。操觚者卽不惜廉隅，亦何至作「懊儂歌」、「子夜」、「讀曲」？（「薑齋詩話」卷下。「清詩話」。頁二一）

「明詩評選」評貝瓊「擬客從遠方來」云：

……且竟陵於「子夜」「讀曲」一切娃媟市巷之語，字規句巨，而獨以一丸泥封，正始之音安在？其舍擬議以將性情邪？歷下竟陵之前，自有此種雅道，齊固失之，楚尤未得，亦觀於天子之上林乎？（卷四。頁一九）

「古詩評選」評庾信「楊柳行」云：

齊梁以降，士習浮淫，詩之可傳者既不多得。近者竟陵一選，充取其狎媟猥鄙之作，而齊梁陳隋幾疑無詩。（卷一。頁三六）

「明詩評選」評石寶「秋夜」云：

「涼夜始多夢」，拟獲語不入荒淫。後來竟陵喜效此，非淫則荒，雅鄭之分在此，非但以庸板爲雅。高廷禮輩如何得知？（卷四。頁二五至二六）

但對艷而不靡，輕而不佻之作品，則表嘉賞。「古詩評選」評謝朓「王孫遊」云：

亦可謂艷而不靡，輕而不佻，近情而不俗。（卷三。頁五）

同書評江總「長相思」云：

……此篇心有密理，筆有忍勢，艷而不俗，方可不愧作者。（卷一。頁三八）

而同書評蕭子暉「冬曉」云：

艷詩止此極矣。柔尚不澀，麗尚不狂。狂者倚門調，澀者侍女腔，乃至無復人理。近竟陵所錄

艷詩皆是也。（卷五。頁三一一）

可清楚見及王氏對艷詩的看法。

艷詩之外，王氏亦對應上官或主人之命而作之詩篇深表反感，並稱之爲「詩傭」。「夕堂永日緒論內編」云：

> 前所列諸惡詩，極矣；更有猥賤於此者，則詩傭是也。詩傭者，哀腐廣文，應上官之徵索；望門幕客，受主人之僱託也。彼皆不得已而爲之。而宗子相一流，得已不已，間則繙書以求之迫則傾腹以出之，攢眉叉手，自苦何爲？其法：姓氏、官爵、邑里、山川、寒暄、慶弔，各以類從；移易故實，就其腔殼；千篇一律，代人悲歡；迎頭便喝、結煞無餘；一起一伏，一虛一實，自詫全體無瑕，不知透心全死。風雅下游，至此而濁穢無加矣。宋以上未嘗有也。高廷禮作俑於先，宗子相承其衣鉢。凡爲傭者，得此以擿埴而行，而天下之言詩者，車載斗量矣。此可爲風雅痛哭者也。（「薑齋詩話」卷下。「清詩話」。頁二一至二二）

大抵可以說，王氏以詩壇習氣，在詩人講求門派，互相攻訐；擁立盟主，自我標榜，而許多作者，才不高、氣不宏，或困於陳字之堆積，或縛於典故之使用；於情感之表達，或套用成法，或逕直促露，或迎合市俗，或自陷於褊頗之情性，或流於媟淫之猥語，或刻意巧綴，或爭速誇多，或通身市儈措大習性，或滿腹隱逸山人氣稟，不一而足。在王氏之詩評中，亦常以惡詩形容此等作品。如「唐詩評選」評王維「敕賜百官櫻桃」云：

腹聯宕開，結聯益宕開，開則不復合矣。一開一合，惡詩之訣。（卷四。頁七）

以「套用成法」者爲惡詩。「古詩評選」評庾信「詠畫屏風」「今朝好風日」一首云：

取景從人取之，自然生動。許渾唯不知此，是以費盡巧心，終得惡詩之譽。（卷六。頁一四）

以離情巧心綴景者爲惡詩。「明詩評選」評唐寅「落花」云：

落花詩倡自石田，而莫惡于石田，拈湊俗媚，乃似酒令院謎。愚嘗戲墨爲之，隨手盈卷，回看殆欲自噦，足存者不滿十篇，皆與今之詠落花者相牴牾者也。（卷六。頁一四）

以拈湊媚俗者爲惡詩。「古詩評選」評何遜「贈諸遊舊」云：

……大端則雅，瑣屑則俗也。言情而又出之以俗，則與窮里長告傷旱，老塾師嘆失館又何別焉？古人之立四始六義，初不爲渠輩設也。仲言有「伊余從入關，終是塡溝壑。土牛竟不進，芻狗空重陳。逢施同溝壑，値設乃糟糠。逢時乃倏忽，失路亦斯須」一種惡詩，爲杜陵所祖者。……

（卷五。頁三五）

以瑣屑言情者爲惡詩。「唐詩評選」評王績「北山」云：

此首前四句，句裏字外，俱有引曳騫飛之勢，不似盛唐後人促促作轅下駒也。故七言律詩，亦當以此爲祖，乃得不墮李頎、許渾一派惡詩中。（卷一。頁一）

以困縛迫促者爲惡詩。同書評盧綸「長安疾後首秋夜卽事」云：

綸七言近體極富，乃全入傖父。世所艷稱如「東風吹雨」者亦蹇薄，唯此作差爲條達耳。惡詩

極壞世人手眼，大曆十才子往往而有。（卷四。頁一一九）

以蹇折淺薄者爲惡詩。「明詩評選」評孫蕡「南京行」云：

雖有次序，而不落元白，故無損于風韻。成化以降，姑蘇一種惡詩，如盲婦所唱琵琶絃子詞，挨日頂月，謰謱不禁，至千言不休。歌行傖賤，於斯極矣。……（卷二。頁六）

以直露嚕囌者爲惡詩。

由王氏對詩壇習氣與惡詩之批評，更可進一步見及其詩觀。

【附註】

註一：詳本書第二章二節甲釋情則㈠。

註二：「讀四書大全說」。卷十。頁十。

註三：「詩廣傳」。卷一。頁二二。

註四：「詩繹」云：「夫詩之不可以史爲，若口與目之不相爲代也，久矣。」（「清詩話」。頁六）亦可參照。

註五：除正文所述之「收勢」與「留勢」外，王氏亦重「忍力」。「夕堂永日緒論內編」云：「太白胸中浩渺之致，漢人皆有之，特以微言點出，包舉自宏。太白樂府歌行，則傾囊而出耳。如射者引弓極滿，或即發矢，或遲審久之，能忍不能忍，其力之大小可知已。」（「清詩話」。頁十）。「古詩評選」讚李陵「與蘇武詩」之「良時不再至」一首亦云：「空杳之迹微，大忍之力定。」（卷四。頁六）

註　六：「詩繹」云：「元韻之機，兆在人心，流連泆宕，一出一入，均此情之哀樂，必永於言者也。」（「清詩話」。頁一）「尚書引義」云：「詩所以言志也，歌所以永言也，聲所以依永也，律所以和聲也。以詩言志而志不滯，以歌永言而言不鬱，以聲依永而永不蕩，以律和聲而聲不詖。君子之貴於樂者，貴以此也。且夫人之有志，志之必言，盡天下之貞淫而皆有之。聖人從內而治之，則詳於辨志；從外而治之，則審於授律。內治者，愼獨之事，禮之則也。外治者，樂發之事，樂之用也。故以律節聲，以聲叶永，以永暢言，以言宣志。律者哀樂之則也，聲者清濁之韻也，永者長短之數也，言則其欲言之志已。律調而後聲得所和，聲和而後永得所依，永得所依而後言得以永，言得永而後志著於言。」（卷一。頁八）亦可參照。

註　七：「夕堂永日緒論內編」。「清詩話」。頁二十。

註　八：同上書。頁十九。

註　九：見司空圖「二十四詩品」中之「雄渾」一品。「歷代詩話」。

註一〇：「藝林叢錄」第二編。頁三八九。香港商務印書館。一九六二年五月。

註一一：朱光潛「詩論」。頁五一。台北正中書局。一九六七年三月。

註一二：「論語注疏」。卷十五。頁十。「十三經註疏」。

註一三：同上書卷十七。頁七。

註一四：「孟子註疏」。卷三。頁九。「十三經註疏」。

註一五：同上書。卷九。頁十。

註一六：見王弼註「老子道德經」。卷上。頁一。「四部備要」。上海中華書局據華亭張氏本校刊。

註一七：同上書。卷下。頁二四。

註一八：同上書。卷下。頁十三。

註一九：「莊子集解」。卷四。頁六。清宣統聚賢書局刊本。

註二〇：同上書。卷四。頁十一。

註二一：「藝文類聚」。卷十九。頁三四八。中華書局據南宋紹興刻本校印。一九六五年十一月。

註二二：李善注「文選」。卷十一。頁九。台北藝文印書館影宋淳熙本。一九六七年十月。

註二三：王弼注「周易十卷」。卷十。「四部叢刊初編」。上海商務印書館縮印宋刊本。

註二四：同上註。

註二五：李善注「文選」。卷三十。頁三。

註二六：范文瀾「文心雕龍注」。卷八。頁六三二。香港商務印書館。

註二七：嚴羽「滄浪詩話」。「歷代詩話」。台北藝文印書館。

註二八：「夕堂永日緒論內編」。「薑齋詩話」卷下。「清詩話」。頁十三。

註二九：同上書。頁十二。

第四章　王夫之詩觀與前代詩論

前曾指出，王夫之論詩情之眞與正乃承自「毛詩關雎序」的看法。「毛詩關雎序」云：

> 詩者，志之所之也。在心爲志，發言爲詩。情動於中，而形於言。（註一）

主詩情須眞。後世遂本此意而提出詩論之各種問題。劉勰用以指出詩人感物吟志，乃自然之道。「文心雕龍」「明詩篇」云：

> 人稟七情，應物斯感；感物吟志，莫非自然。（註二）

朱熹亦然。「詩集傳序」云：

> 人生而靜，天之性也。感於物而動，性之欲也。夫既有欲矣，則不能無思；既有思矣，則不能無言；既有言矣，則言之所不能盡，而發於咨咏嗟歎之餘者，又必有自然之音響節族而不能已焉，此詩之所以作也。（註二）

程頤則以之要求詩人誠感須深，而希望達到入人也深的作用。「伊川經說」云：

> 詩者言之述也。言之不足而長言之，咏歌之所由興也。其發於誠感之深，至於不知手之舞足之

蹈，故其入於人也亦深，至可以動天地感鬼神。（註四）

邵雍依據此語，更將「志」「言」「詩」「情」與「物」「聲」「章」「音」連繫起來，以言詩與人之志情之關係。「伊川擊壤集序」云：

伊川翁曰：子夏謂詩者志之所之也，在心爲志，發言爲詩，情動於中而形於言，聲成其文而謂之音。是知懷其時則謂之志，感其時則謂之情，發其志則謂之言，揚其情則謂之聲，言成章則謂之詩，聲成文則謂之音，然後聞其詩，聽其音，則人之志情可知之矣。（註五）

張戒以之反對詩章專意於詠物。「歲寒堂詩話」云：

詩者，志之所之也，情動於中而形於言，豈專意於詠物者？（註六）

徐禎卿進而指出觸動前之情，本無定位。「談藝錄」云：

情無定位，觸感而興，既動於中，必形於言。（註七）

而將「毛詩關雎序」主張詩情須眞之意見發揮至一個極端的見解的，則是把「情」與「詩」等同起來的看法。如王若虛云：「哀樂之眞發乎情性，此詩之正理也。」（註八）李贄以詩人眞情發露，「發狂大叫，流涕慟哭不能自止」，才能稱爲是眞能文者（註九）。焦竑「雅閣娛集序」云：

詩非他，人之性靈之所寄也。苟其感不至則情不深，情不深則無以驚心動魄，垂世而行遠。（註一〇）

袁宏道稱讚其弟小修的詩說：

（小修）詩文，……大都獨抒性靈，不拘格套，非從自已胸臆流出不肯下筆 有時情與境會頃刻千言，如水東注，令人奪魄，其間有佳處，亦有疵處，自不必言，即疵處亦多本色獨造語。（註一一）

亦本此理。這種將詩與情等同起來的觀點，無疑的已忽視詩應抒情但亦應高於情的特色。持着這看法，亦必貶低詩的價值。王夫之受「毛詩關雎序」論詩主情眞的影響，強調情眞對於詩的寫作的重要性，但不同意凡是眞情都可以成爲詩情。他說：

詩以言情也，胥天下之情於怨怒之中，而流不可返矣，奚其情哉？（「詩廣傳」。卷一。頁三五）

又說：

經生之理，不關詩理；猶浪子之情，無當詩情。（「古詩評選」。卷五。頁一三）

甚而以詩有不入情，而情致無限者，如「明詩評選」評祝允明「大道曲」云：

全不入情，字字皆情。（卷八。頁一一）

可見及王氏詩論之卓越處，而其說亦有力地抨擊將詩與情眞等同敍說的看法。

「毛詩關雎序」又云：

「變風」發乎情，止乎禮義。發乎情，民之性也；止乎禮義，先王之澤也。（註一二）

此指詩情須「止乎禮義」，須「正」。後世論者亦本此意申述詩論之各種問題。朱熹稱讚「周南」「召南」，即由於這些詩篇的作者親受文王敎化的影響而得「性情之正」。「詩集傳序」云：

> 凡詩之所謂風，多出於里巷歌謠之作，所謂男女相與咏歌，各言其情者也。惟「周南」「召南」親被文王之化以成德，而人皆有以得其性情之正，故其發於言者，樂而不過於淫，哀而不及於傷，是以二篇獨爲風詩之正經。（註 一三）

王柏、楊愼稱讚「三百篇」也是由於這點。王柏「跋邵絜矩序」云：

> 「三百五篇」之作，雖有出於閭巷小夫、幽閨女子之口，而自有以得性情之正者，豈必刻苦用心於琢句練字之工哉？（註 一四）

楊愼「升庵詩話」云：

> 詩以道性情。……「三百篇」皆約情合性而歸之道德也。（註 一五）

兪弁本此要求詩應合乎世教。「逸老堂詩話」引盧疏齋之言云：

> 大凡作詩，須用「三百篇」與「離騷」。言不關於世教，義不存於比興，詩亦徒作。夫詩發乎情，止乎禮義，「關雎」樂而不淫，哀而不傷，斯得性情之正，古人於此觀風焉。（註 一六）

李東陽據此要求詩人之志須正。「王城山人詩集序」云：

> 夫詩者，人之志與存焉，故觀俗之美與人之賢者必於詩。今之爲詩者亦或牽綴刻削，反有失其志之正。信乎有德者必有言，有言者不必有德也。（註 一七）

吳喬則用性情以稱譽這種「正」的詩情。「答萬季野詩問」云：

> 「國風」好色而不淫，「小雅」怨誹而不亂。發乎情，止乎禮義，所謂性情也。（註 一八）

然而，有些論者却將此理發揮至另一個極端，過度強調詩情的政敎道德意義。柳冕「答徐州張尙書論文書」云：

夫文章本於敎化，發於情性。本於敎化，堯舜之道也。發於情性，聖人之言也。（註一九）

雖是論文，其論詩亦本此見。所以批評屈原以後的詩人，認爲他們將「風雅之文變爲形似，比興之體變爲飛動，禮義之情變爲物色，詩之六義盡矣。」（註二〇）而孔穎達「毛詩正義序」亦云：

夫詩者，論功頌德之歌，止僻防邪之訓，雖無爲而自發，而有益于生靈。（註二一）

王夫之的看法却不是這樣。他清楚地認識詩的特色與禮義文章不同。他講求情「正」，並非要在詩中歌功頌德，相反的，他明確地指出歌功頌德是禮義文章的內容而不是詩的任務。他同意詩情應合乎正，乃在於情正者其情之表達必定舒緩曲折，這正合於好詩的準繩。紓緩達情的詩作，才能夠感染讀者，達到一唱三歎的妙致。以王氏這種看法與前述之柳、孔言論比較，亦可見及王氏詩論之卓越。

王氏會講求詩情純正，和他的哲學思想有關。王氏認爲：人類萬物乃二氣運動交感凝滯而成。氣生人之後，人類亦具有這本體的特色。「性」就是「氣化之成于人身，實有其當然者」，是「氣」藏於人心的實體。因此，當詩表露人心活動時，王氏自然也要求詩情必須合乎「氣」的性質，要求它能具有「性」的特色。在王氏詩論中，「性」有用作人心活動應合乎道德標準之義的，也是這裏所說的「性」字的意義，王氏就是由此思路肯定詩情應當純正。

評曹丕「雜詩」時，王氏云：

> 大氣之行也，于虛有力，于實無影，其清者密微獨往，益非噓呵之所得及乎？（「古詩評選」。卷四。頁八）

「氣」清者密微獨往，非噓呵之所得及，人心活動所具之「氣」的特色，亦當如此。由此亦可見及王氏爲何要求情正，要求詩情之表達必須曲折柔婉了。

詩風格講求溫厚柔緩，前代詩論者也常提到。按「溫柔敦厚」一語始見「禮記」。其「經解」篇云：

> 孔子曰：入其國，其教可知也。其爲人也，溫柔敦厚，詩教也。（註二二）

又云：

> 其爲人也，溫柔敦厚而不愚，則深於詩者也。（註二三）

但還是偏於人而言，孔穎達才直言「溫柔敦厚」爲詩之特性。其言云：

> 溫謂顏色溫潤，柔謂性情和柔。詩依違諷諫，不指切事情，故云：溫柔敦厚是詩教也。（註二四）

之後以溫厚論詩者甚多。金元好問以唐詩溫柔敦厚，乃知詩之本。「楊叔能小亨集引」云：

> 唐人之詩，其知本乎？何溫柔敦厚，藹然仁義之言爲多也？幽憂憔悴，寒飢困憊，一寓於詩，而其阨窮而不憫，遺佚而不怨者故在也。至於傷讒疾惡，不平之氣，不能自揜，責之愈深，其旨愈婉；怨之愈深，其辭愈緩，優柔饜飫，使人涵詠於先王之澤，情性之外，不知有文字。（註二五）

李夢陽言詩之特性爲：「其氣柔厚，其聲悠揚，其言切而不迫，故歌之者心暢而聞之者動也。」（註二六）也是本於此提出其主張。至若陸時雍「詩鏡總論」云：

夫溫厚悱惻，詩教者也。愷悌以悅之，婉娩以入之，故詩之道行。左思抗色厲聲，則令人畏；潘岳浮詞浪語，則令人厭，其入人也難哉！（註二七）

則依此批評前代詩人。

詩風格要求和婉、平淡、飄逸、前人也多提及。莊子言萬物之本，係虛靜恬淡、寂寞無爲。魏晉賞鑑人物，取其悠遠飄逸之姿。雖俱非就詩而言，但影響後代詩論至鉅。戴叔倫以之喻「詩家之景，如藍田日暖，良玉生煙」（註二八），蘇舜欽「詩僧則暉求詩」云：

會將趨古淡，先可去浮囂。（註二九）

梅堯臣「讀邵不疑詩卷」云：

作詩無古今，唯造平淡難。（註三〇）

俱以古淡、平淡爲作詩應追求的目標。葛立方也主張詩應平淡有思致。「韻語陽秋」云：

陶潛、謝朓詩皆平淡有思致，非後來詩人怵心劌目琱琢者所爲也。老杜云：「陶謝不枝梧，風騷共推激。紫燕自超詣，翠駮誰剪剔」是也。大抵欲造平淡，當自組麗中來，落其華芬，然後可造平淡之境。如此，則陶謝不足進矣。今之人多作拙易語，而自以爲平淡，識者未嘗不絕倒也。梅聖俞「和晏相」詩云：「因今適性情，稍欲到平淡。苦詞未圓熟，刺口劇菱芡。」言到平淡處甚難也。所以「贈杜挺之」詩有「作詩無古今，欲造平淡難」之句。李白云：「清水出芙蓉，天然去雕飾。」平淡而到天然處，則善矣。（註三一）

魏泰主詩要有味，因此反對直露怒張，而要求優柔。「臨漢隱居詩話」云：

凡爲詩當使挹之而源不窮，咀之而味愈長。（註三二）

又云：

詩主優柔感諷，不在逞豪放，而至怒張也。（註三三）

包恢「書徐致遠無絃稿後」云：

詩有表裏淺深，人直見其表而淺，孰爲能見其裏而深者哉？猶之花焉，凡其華彩光焰，漏洩呈露，燁然盡發於表而其裏索然絕無蘊藉者，淺也；若其意味風韵，含蓄蘊藉，隱然潛寓於裏，而其表淡然若無外飾者，深也。（註三四）

戴復古「論詩絕句」云：

入妙文章本乎譫，等閒言語變瑰奇。（註三五）

李夢陽「敍空同集」云：

夫詩，宣志而道和者也。故貴宛不貴峻，貴質不貴靡，貴精不貴繁，貴融洽而不貴工巧。（註三六）

陸時雍「詩鏡總論」云：

詩之佳，拂拂如風，洋洋如水，一往神韻，行乎其間。班固「明堂」諸篇，則質而鬼矣。鬼者，無生氣之謂也。（註三七）

都是主張詩風格應輕逸、古淡、含蓄的。（註三六）

王夫之由宇宙本體「氣」的運行，見及其姿爲虛渺絪縕，因此要求詩情柔婉，也要求詩作風格柔緩飄逸。同時，他由詩的欣賞要求的觀點出發，由詩作必須具有感染人心作用的觀點出發，見及詩之所以感人的原因，在於它的言永和聲的特色，而這不是勁露，怒張所可達致的，從而提出其詩風輕逸淡緩的主張。王氏對詩的風格的這種看法，不僅容納了前代儒籍對詩作風格的觀點，也包含了司空圖、戴叔倫等就詩論詩者在這一問題上的看法。這是王夫之詩論另一特出之處。

而王夫之見及詩作主要固在抒情，但情並不等於詩；詩固需要通過文字寫成，文字也不等於詩。他認爲詩會有令人詠歎再三的餘味，在於其言外之情致意趣。本此觀點，於是莊子對「言」「意」的看法，司空圖對「象外」、「圜中」的見地，宋人言詩妙不由文字傳與嚴羽之詩有別才別趣的主張，都可以容納於王氏之詩論之中而不會發生衝突。這也是王夫之詩論其中一個特出的地方。

中國人對待事物，喜歡將它們割裂爲對立面來分析。如漢儒之言「性」與「情」，宋儒之言「道心」與「人心」、「理」與「欲」等皆然。在詩論方面，論者對待「情」「景」之關係亦有本於上述之態度者。如方回「瀛奎律髓」云：

變體者，不拘律詩景一聯情一聯之體，不拘虛實對稱之體。（註三九）

言外之意，卽以律詩正體乃一聯情一聯景，情景可以截然分開。范晞文也有「上聯情、下聯景」，「下聯情、上聯景」的說法。「對床夜語」云：

老杜詩：「天高雲去盡，江迥月來遲。衰謝多扶病，招邀屢有期。」上聯景，下聯情。「身無却少壯，跡有但羈棲。江水流城郭，春風入鼓鼙。」上聯情，下聯景。（註四〇）

更有一句情一句景之說。同書云：

「白首多年疾，秋天昨夜涼。」「高風下木葉，永夜攬貂裘。」一句情一句景也。（註四一）

明人言「情」「景」關係較宋人豁達，但論詩亦有割裂「情」「景」者，如謝榛有時肯定「情」「景」不可分割，但有時却又分截二者以論詩。如云：

景多則堆垛，情多則闇弱，大家無此失矣。八句皆景者，子美「棘樹寒雲色」是也；八句皆情者，子美「死去憑誰報」是也。（註四二）

胡應麟亦以初學者應恪守一情一景的條律，老手筆則不可泥於此論。「詩藪」云：

作詩不過情景二端，如五言律，前起後結，中四句二言景，二言情，此通例也。唐初多於首二句言景，對起、止結二句言情，雖豐碩，往往失之繁雜。唐晚則第三四句多作一串，雖流動，往往失之輕儇；俱非正體。惟沈、宋、李、王諸子，格調莊嚴，氣象閎麗，最爲可法；其中四句大率言景，不善學者，湊砌堆疊，多無足觀。老杜諸篇，雖中聯言景不少，大率以情間之，故習杜者，句語或有枯燥之嫌，而體裁絕無靡冗之病。此初學入門第一義，不可不知。若老手

大筆，則情景混融，錯綜惟意，又不可專泥此論。（註四三）

所以黃宗羲「景州詩集序」評云：

周伯弜之註「三體唐詩」也，以景爲實，以意爲虛。此可論常人之詩，而不可以論詩人之詩。詩人萃天地之清氣，以月露風雲花鳥爲其性情，其景與意不可分也。（註四四）

王夫之的見解也是如此。雖說前代有不少論者曾經直接或間接地見及「情」「景」不可分割的關係，如劉勰言「思理爲妙，神與物遊」（註四五）司空圖言「思與境偕」（註四六）李維楨言「神與境會」、「景傳於情」、「觸景以生情，而不迫情以就景」（註四七），但是王氏基於其卓越的哲學，其一見及「情」「物」均爲「陰陽」、「天地」（宇宙本體）所產生，而肯定兩者是密切不可分的。如云：

情者陰陽之幾也，物者天地之產也。陰陽之幾動於心，天地之產應於外。故外有其物，內可有其情矣；內有其情，外可有其物也。（「詩廣傳」。卷一。頁二〇）

其二見及事物之內在之有機聯繫，從而指出不能機械地截斷事物爲兩段。如他言「理」、「欲」云：

理與氣互相爲體，而氣外無理，理外亦不能成氣，善言理氣者，必不判然離析之。（「讀四書大全說」。卷十）

言「體」、「用」云：

體用元不可分作兩橛。（同上書。卷一。頁一五）

又云：

體用相函者也。……體以致用，用以備體。（「周易內傳」。卷五。頁二二一）

言「動」、「靜」云：

動靜無端者也。故專言靜，未有能靜者也。……天下之不能動者，未有能靜者也。……天下之能靜者，未有不自動者也。（「詩廣傳」。卷一。頁三八）

他如言「常」、「變」；言「理」、「勢」，亦皆如此。所以他說：

天下有截然分析而必相待對待之物乎？求之于天地，無有此也；求之于事物，無有此也；反而求之于心，抑未諗其必然也。（「周易內傳」。卷七）

因此，他論「情」與「景」之不可截分之關係，自較前人爲堅決，清楚與具體了。

基於這種對事物內在有機關係的卓越認識，王氏在談詩之興觀群怨時，也有特出的表現。前人言「詩可以興、可以觀、可以群、可以怨」，都是分開敘述。如鍾嶸「詩品序」云：

嘉會寄詩以親，離群託詩以怨。……故曰：詩可以群，可以怨，使窮賤易安，幽居靡悶，莫尚於詩。（註四八）

陸時雍「詩鏡總論」亦云：

「三百篇」每章無多言，每有一章而三四疊用者。詩人之妙在一歎三詠，其意已轉，不必言之繁而緒之紛也。故曰：詩可以興。詩之可以興人者，以其情也。（註四九）

又云：

阮籍詩中之清音也，爲汗漫語，如其曠懷無盡，故曰：詩可以觀，直舉形情色相，傾以示人。

（註五〇）

俱獨立「興」、「群」、「觀」、「怨」之關係以論詩。黃宗羲也是如此。「汪扶晨詩序」云：

……古之以詩名者，未有能離此四者，然其情各有至處。其意句就境中宣出者，可以興也；言在耳目贈寄八荒者，可以觀也。善於風人答贈者，可以群也。悽戾爲「騷」之苗裔者，可以怨也。

（註五一）

王氏則不如此。他見及四者之間之有機聯繫，因此，言及此四者時，不拘一者，而倡其「隨所以而皆可」之說，標其「出於四情之外，以生起四情；遊於四情之中，情無所窒」之見，不僅由作者的角度說，而且由讀者方面分析，從而提出他對詩之寫作，詩之欣賞，詩之所以爲詩之特色等意見。

王夫之既然肯定詩主要在抒情，詩情之捕捉須在心目之間，而詩妙絕對不在文字的雕飾，因此也自然較之於其他論者更加劇烈地反對訂立一套格律以求詩。

遠在六朝，如沈約訂立四聲八病之詩律，就是立一規格以求詩之見解。唐代律詩盛行，加上以詩賦取士，坊間遂湧現詩格之類的書籍，如已佚的姚合「詩例」一卷，賈島「詩格」一卷，元兢「詩格」一卷等（註五二）。尚行於世的有賈島「二南密旨」、白居易「文範詩格」、王昌齡「詩格」、「詩中密旨」、李嶠「平詩格」、皎然「詩議」、「詩評」，李洪宣「緣情手鑑詩格」王玄「詩中旨格」、王叡「詩格」、王夢簡「詩要格律」、徐寅「雅道機要」、白居易「金針詩格」（註五三）。書多僞作，行世各書具載「詩學指南」中。宋人，尤其是江西詩派中人論詩尤重法度，黃庭堅就曾提出規摹前人之法，稱之爲「奪胎換骨法」、「點鐵成金法」。其言云：

> 詩意無窮，人之才有限。以有限之才，追無窮之意，雖淵明少陵不能盡也。然不易其意，而造其語，謂之換骨法；規模其意形容之，謂之奪胎法。（註五四）

又云：

> 老杜作詩，退之作文，無一字無來處，蓋後人讀書少，故謂杜韓自作此語耳。古之爲文章，眞能陶冶萬物，雖取古人之陳言，入于翰墨，如靈丹一粒，點鐵成金也。（註五五）

呂居仁勸童蒙學詩，亦求向前人法度學習。「童蒙訓」云：

> 前人文章各自一種句法，如老杜：「君今起拖春江流，予亦江邊具小舟」，「同心不減骨肉親，每語見許文章伯」，如此之類，老杜句法也。東坡：「秋水今幾竿」之類，自是東坡句法。魯直：「夏扇日在搖，行樂亦云聊」，此魯直句法也。學者若能遍考前作，自然度越前輩。（註五六）

而范溫主張練字練句，以句法之學，乃一家工夫，詩有好意，亦應練字以傳。其言云：

> 好句要須好字。如李太白詩：「吳姬壓酒喚客嘗。」見新酒初熟，江南風物之美，工在壓字。老杜「畫馬詩」：「戲拈禿筆掃驊騮。」初無意於畫，偶然天成，工在拈字。柳詩：「汲井漱寒齒。」工在汲字。工部又有所喜用字，如「修竹不受暑」，「野航恰受兩三人」，「吹面受和風」，「輕燕受風斜」，受字皆入妙。（註五七）

潘大臨更指出七言詩句之第五字，五言詩句之第三字，是詩人致力的地方。「童蒙訓」述潘氏之言云：

> 七言詩第五字要響，如「返照入江翻石壁，歸雲擁樹入山村。」翻字失字是響字也。五言詩第三字要響，如「圓荷浮小葉，細麥落輕花。」浮字落字是響字也。所謂響者，致力處也。（註五八）

元人尤重法度。以「起」、「承」、「轉」、「合」法普遍論詩，始於這個時候。楊載就曾將律詩之「破題」、「頷聯」、「頸聯」、「結句」以「起」、「承」、「轉」、「合」繫之。「詩法家數」云：

> 起承轉合
>
> 破題
>
> 或對景興起，或比起，或引事起，或就題起，要突兀高遠，如狂風捲浪，勢欲滔天。
>
> 頷聯
>
> 或寫意，或寫景，或書事，用事，引證，此聯要接破題，要如驪龍之珠，抱而不脫。
>
> 頸聯
>
> 或寫意、寫景、書事、用事、引證，與前聯之意相應相避，要變化如疾雷破山，觀者驚愕。
>
> 結句
>
> 或就題結，或開一步，或繳前聯之意，或用事，必放一句作散場，如剡溪之棹，自去自回，言有盡而意無窮。（註五九）

又論絕句之法云：

絕句之法，要婉曲回環，刪蕪就簡，句絕而意不絕，多以第三句爲主，而第四句發之。有實接，有虛接。承接之間，開與合相關，反與正相依，順與逆相應。一呼一吸，宮商自諧。大抵起承二句固難，然不過平直敍起爲佳。從容承之爲是。至如宛轉變化，工夫全在第三句，若于此轉變得好，則第四句如順流之舟矣。（註六〇）

范椁亦有此論（註六一），更以之分析古詩，律詩與絕句云：

作詩成法，有起承轉合四字。以絕句言之，第一句是起，第二句是承，第三句是轉，第四句是合。律詩是第一聯是起，第二聯是承，第三聯是轉，第四聯是合。……古詩長律亦以此法求之。

連「三百篇」，也用此法分析。如云：

「三百篇」如「周南」「關雎」，則第一章爲起承，第二章爲轉，第三章爲合；「葛覃」則第一章爲起，第二章爲承，第三章爲轉合。（註六三）

並提出起承轉合法之要求云：

大抵起處要平直，承處要春容，轉處要變化，合處要淵永。起處戒隨頓，承處戒促迫，轉處戒落魄，合處戒斷送。起處若然突兀，則承處必不優柔，轉處必至窘束，合處必至匱竭矣。（註六四）

以「起承轉合法」論詩在明清是更加流行的，也有進一步的發揮與發展。如比王夫之稍後的金聖歎，就力倡「起承轉合」之說。「示顧祖頌孫聞韓寶祁魏雲」云：

詩與文，雖是兩樣體，却是一樣法。一樣法者，起承轉合也。除起承轉合，更無文法；除起承轉合，亦更無詩法也。（註六五）

並分解析詩。嘗云：

詩家毋論長篇短幅，必以四句一解爲定體。（註六六）

又云：

唐人詩多以四句爲一解，故雖律詩，亦必作二解；若長篇，則或至數十解。（註六七）

他分析唐詩，卽本此解此法。這種作法深獲友人徐增的贊同。「而庵詩話」云：

聖歎「唐才子書」，其論律分前解、後解，截然不可假借。聖歎身在大光明藏中，眼光照徹，便出一手，吾最服其膽識。但世間多見爲常，少見爲怪，便作無數議論。究其故，不過是極論起承轉合法耳。……（註六八）

又云：

解數及起承轉合，今人看得甚易，似爲不足學。若欲精於此法，則累十年不能盡。宗家每道佛法無多子，愚謂詩法雖多，而總歸於解數，起承轉合，然則詩法亦無多子也。學人當於此入手，儘力變化，至於大成，不過是精於此耳。向來論詩，皆屬野狐，正法眼藏，畢竟在此不在彼也。（註六九）

所撰「而庵論唐詩」，亦本此法此理析論唐詩。仇兆鰲「杜少陵集詳註」評析杜詩，也是如此。「題張氏隱居二首」批云：

唐律多在四句分截，而上下四句，自具起承轉闔，如崔顥「行經華陰」詩，上半，華陰之景；下半，行經有感。武帝祠前二句，乃承上；河山北枕二句，乃轉下也。崔署「九日登仙台」詩，上半，九日登仙台；下半，呈寄劉明府。三晉雲山二句，乃承上；關門令尹二句，乃轉下也。杜詩格法，類皆如此。（註七〇）

在中國舊詩論作品中，已常見到反對徒事規摹前人作品的意見，如王若虛「滹南詩話」云：

魯直論詩有「奪胎換骨」、「點鐵成金」之喻，世以爲名言，以予觀之，特剽竊之黠耳。（註七一）

徐渭亦由詩應求眞而非議剽竊前人字句。「葉子肅詩序」云：

人有學爲鳥言者，其音則鳥也，而性則人也。鳥有學爲人言者，其音則人也，而性則鳥也。此可以定人與鳥之衡哉？今之爲詩者何以異於是？不出己之所自得，而徒竊於人之所嘗言，曰某篇是某體，某篇則否；某句似某人，某句則否。此雖極之逼肖，而已不免鳥之爲人言矣。（註七二）

袁宏道反對規摹前人言語，以爲古今時代不同，規摹古人猶如處嚴多而着夏葛。「雪濤閣集序」云：

夫古有古之時，今有今之時，襲古人語言之迹而冒以爲古，是處嚴多而襲夏之葛者也。（註七三）

並嚴苛批評時人之困縛於法的現象。「敍梅子馬王程稿」云：

詩道之穢，未有如今日者。其高者爲格套所縛，如殺翮之鳥，欲飛不得；而其卑者，剽竊影響，若老嫗之傅粉。其能獨抒已見，信心而言，寄口於腕者，余所見蓋無幾也。（註七四）

而譚友夏「詩歸序」云：

法不前定，以筆所至爲法。（註七五）

陸時雍「詩鏡總論」云：

余謂萬法總歸一法，一法不如無法，水流自行，雲生自起，更有何法可設？（註七六）

皆不以遵守格法寫詩爲然。

王夫之對於法的態度，亦屬堅決反對死法一列。我們從他在「詩廣傳」、「詩話」，特別是各種詩評中對皎然「詩式」的頻頻斥罵，可以了解他對立一格套以寫詩的態度的憤慨。王氏對死法的不滿，和他的詩觀是緊密配合着的。拿他在這方面的意見與較他爲遲但備受當代讚賞的詩論者王士禎的看法相比，王士禎嘗回覆「律詩論起承轉合之法否」之詢問云：

勿論古文今文，古文體詩，皆離此四字不可。（註七七）

後者的意見就顯得拘泥，幾與他那洒脫的神韻主張，不能契合。

詩講門戶宗派，根據王夫之的意見，乃從建安開始，而最熱中於門戶派別的時期，是在宋明。宋江西詩派，雖由呂居仁「江西社宗派圖」得名，但實際上，在黃庭堅與人往來的書信中，已隱然樹立宗派之意。至明，前後七子亦成宗派，力追古人，天下翕然從者極多，門戶之風愈熾。諸子中意見有歧異的，亦常相牴牾，是派別中又有派別了。明人已開始抨擊這種詩壇風氣，清初詩論者尤力加抨擊。葉燮以講求門戶者，才情必陋，故援一古人爲門戶以壓塞天下人之異議。「原詩」云：

大凡人無才則心思不出，無膽則筆墨畏縮，無識則不能取舍，無力則不能自成一家。而且謂古人可罔，世人可欺，稱格稱律，推求字句，動以法度緊嚴，板駁銖兩。內既無具，援一古人爲門戶，藉以壓倒衆口。（註七八）

或者立門戶來抬高本身之地位。同書云：

……夫尊初、盛唐而嚴斥宋、元者，何、李之壇坫也，……竊以爲李之斥唐以後之作者，非能深入其人之心而洞伐其髓也；亦僅髣髴皮毛形似之間，但欲高自位置，以立門戶，壓倒唐以後作者，而不知已飲食之而後隸於其家矣。李與何彼唱予和，互相標榜，而其言如此，亦見誠之不可揜也。……（註七九）

王士禎亦以門戶之間之互相抨擊，猶如蠻觸之爭於蝸角。其言云：

近人言詩好立門戶，某者爲唐，某者爲宋，李杜蘇黃，強分畛域，如蠻觸氏鬥於蝸角而不自其陋也。

可知當時門戶習氣之盛。王氏評當時門戶習氣，可說言辭劇烈，他除了痛斥這種習氣之弊端，找出古代樹立門戶者予以鞭撻之外，更指出造成這種習氣之因素，自然就更加具有說服人心之力量了。

至於王夫之所評及之一些詩氣編頗的作品具有酸餡氣，蔬筍氣等，前人較少提及。葉少蘊「名林詩話」就曾以酸餡氣批評唐中葉以後之僧人詩云：

唐詩僧中葉以後，其名字斑斑，爲詩所稱者極多。然詩皆不傳。如「歷來白馬寺，僧到赤烏年」

數聯，僅見文士所錄而已。陵遲至貫林，齊已之徒，其詩雖存，然無足言矣。中間唯皎然最爲傑出，故其詩十卷獨全，亦無甚過人處。近世僧學詩極多，皆無超然自得之氣。往往反拾掇模倣士大夫所殘棄，又自作一種體，格律尤凡俗，世謂之酸餡氣。子瞻贈惠通詩云：「語帶煙霞從古少，氣含蔬筍到公無。」嘗語人曰：頗解蔬筍語否？爲無酸餡氣也。聞者無不皆笑。（註八〇）

蔡絛「西清詩語」進一步析云：

東坡言僧詩要無蔬筍氣，固詩人龜鑑。今時悞解，便作世網中語，殊不知本分家風，水邊林下氣象，蓋不可無。若盡洗去清拔之韻，使與俗同科，又何足尙！（註八一）

「柳溪近錄」亦引朱熹語贊揚僧詩之無蔬筍氣者，其言云：

僧志南詩云：「古木陰中繫短蓬，杖藜扶我過橋東。沾衣欲濕杏花雨，吹面不寒楊柳風。」晦庵嘗跋其卷云：南詩清麗有餘，格力閑暇，無蔬筍氣。……余深愛之。（註八二）

惠洪「冷齋夜話」亦云：

大覺懷璉，禪學外工詩，荆公與之遊，嘗以其詩示歐公。曰：「此道人作肝臟饅頭也。」荆公不悟其戲，問其意，歐公曰：「是中無一點菜氣。」（註八三）

至若李夢陽「麓堂詩話」，更針對落俗之數種惡詩提出其看法。

秀才作詩不脫俗，謂之頭巾氣；和尙作詩不脫俗，謂之酸餡氣；詠閨閣過於華艷，謂之脂粉氣，能脫此三氣，則不俗矣。（註八四）

王夫之論詩貴蘊藉主清雅，當然不以不脫俗之頭巾氣、酸餡氣、脂粉氣爲然，也不滿氣褊之山人氣以及鄙頗之措大氣。他對這些不良習氣之詩作之抨擊，是較任何詩評者劇烈，於此也可見及他是如何堅持他的詩論。

王夫之在他的詩論與詩評中所提出的問題，前人大都曾經涉及，以上所提出者，是其中較大與較能突出王氏之詩觀者。不曾提出之問題，如詩之用事，詩之咏物發議，詩之聲律等等，前人亦曾熱烈討論，唯王氏所論，大抵不出前人所述之範疇，是以不作進一步之比較。

【附註】

註一：「毛詩註疏」。卷一之一。頁五。「十三經註疏」。台北藝文印書館影嘉慶江西南昌府學開雕本。一九六五年六月。

註二：范文瀾「文心雕龍註」。頁六五。香港商務印書館。一九六四年一月。

註三：朱熹「詩集傳」。頁一。北京中華書局。一九五八年七月。

註四：程頤「伊川經說」。卷三。上海中華書局據相台岳家塾本校刊。一九三六年。

註五：邵雍「伊川擊壤集」。頁一。「四部叢刊初編」。上海涵芬樓影江南圖書館藏明成化乙未畢亨刊本。

註六：張戒「歲寒堂詩話」。頁二。「續歷代詩話」。台北藝文印書館。

註七：徐禎柳「談藝錄」。頁三。「歷代詩話」。台北藝文印書館。

註八：王若虛「滹南遺老集」。卷三七。頁十一。「四部叢刊初編」。上海涵芬樓藏舊鈔本印本。

註九：李贄「雜說」。「焚書」。卷三。頁九六。中華書局。

註一〇：焦竑「雅閣娛集序」。「澹園集」。卷十五。頁十一。「金陵叢書」依蔣氏愼修書屋本校印。

註一一：袁宏道「敍小修詩」。「袁中郎全集‧袁中郎文鈔」。頁五。上海世界書局。一九三五年十一月。

註一二：「毛詩註疏」。卷一之一。頁十四。

註一三：朱熹「詩集傳」。頁二。

註一四：王柏「魯齋集」。卷五。頁八二。「叢書集成初編」。上海商務印書館據金華叢書本排印。一九三六年十二月。

註一五：楊愼「升庵詩話」。卷三。頁十一。「續歷代詩話」。台北藝文印書館。

註一六：俞弁「逸老堂詩話」。卷上。頁十二。「續歷代詩話」。台北藝文印書館。

註一七：李東陽「懷麓堂集文稿」。卷二。「四庫全書」

註一八：吳喬「答萬李野詩問」。「淸詩話」。頁三十。中華書局。

註一九：「全唐文」。卷五二六。台南經緯書局。一九六五年。

註二〇：柳冕「謝杜相公論房杜二相書」。「全唐文」。卷五二七。

註二一：孔穎達「毛詩正義序」。「毛詩註疏」。

註二二：「禮記註疏」。卷五十。頁一。「十三經註疏」。台北藝文印書館影嘉慶南昌府學開雕本。

註二三：同上註。

註二四！同註二二。

註二五：元好問「遺山先生文集」。卷三六。頁十八。「四部叢刊初編」。上海涵芬樓影嘉興沈氏藏宋乾道刊本。

註二六：李夢陽「空同集」。卷五一。頁四。香港大學馮平山圖書館藏明嘉靖本。

註二七：陸時雍「詩鏡總論」。頁三。「續歷代詩話」。台北藝文印書館。

註二八：司空圖「與極浦談詩書」引戴氏之語。「司空圖文集」。卷三。頁三。「四部叢刊初編」。上海涵芬樓影清鈔本。

註二九：蘇舜欽「蘇學士文集」。卷八。頁七。「四部叢刊初編」。上海涵芬樓影清康熙刊本。

註三〇：梅堯臣「宛陵先生集」。卷四六。頁九。「四部叢刊初編」。上海涵芬樓影明萬曆楊氏祠堂刊本。

註三一：葛立方「韻語陽秋」。卷一。頁二。「歷代詩話」。台北藝文印書館。

註三二：魏泰「臨漢隱居詩話」。頁六。「歷代詩話」。台北藝文印書館。

註三三：同上註。

註三四：包恢「敝帚稿略」。卷五。「宋人集丙編」。

註三五：戴復古「石屏詩集」。卷六。頁十九。「四部叢刊續編」。上海涵芬樓影常熟瞿氏鐵琴銅劍樓明弘治刊本。

註三六：「空同集」。卷六一。頁三。

註三七：「詩鏡總論」。頁一。

註三八：司空圖「二十四詩品」亦甚提倡雅談風格。見「歷代詩話」。台北藝文印書館。

註三九：「四庫全書」本。

註四〇：范晞文「對床夜語」。卷二。頁二。「續歷代詩話」。台北藝文印書館。

註四一：同上註。

註四二：謝榛「四溟詩話」。卷一。頁八。「續歷代詩話」。台北藝文印書館。

註四三：胡應麟「詩藪」「內編」。卷四。頁六一。中華書局。一九五八年十月。

註四四：黃宗羲「南雷文定」一。頁一一八。「粵雅堂叢書」。

註四五：劉勰「文心雕龍」「神思」。「文心雕龍註」。卷六。頁四九。香港商務印書館。

註四六：司空圖「與王駕評詩」。「司空圖文集」卷一。頁九。「四部叢刊初編」。上海涵芬樓影舊鈔本。

註四七：李維楨「張司馬集序」。「大泌山房集」卷十一。「蕭司寇詩集序」。「集」卷十九。「青蓮閣集序」。同上。

註四八：鍾嶸「詩品序」。「詩品」。頁一。「歷代詩話」。

註四九：「詩鏡總論」。頁九。

註五〇：同上書。頁三。

註五一：「南富文定」。「粵雅堂叢書」。

註五二：參閱「新唐書」「藝文志」。中華書局。

註五三：書多僞作。參閱羅根澤「中國文學批評史(二)」。頁五。上海古典文學出版社。一九五七年十二月。

註五四：王楙「野老紀聞」引黃氏語。「叢書集成初編」。上海商務印書館。一九三三年十二月。

註五五：「豫章先生文集」。卷十九。頁二三。「四都叢刊初編」。上海涵芬樓影嘉興沈氏藏宋乾道刊本。

註五六：胡仔「苕溪漁隱叢話前集」引呂氏語。卷八。頁四八。人民文學出版社。一九六二年六月。

註五七：「苕溪漁隱叢話前集」引范氏語。卷八。頁四九。

註五八：同上書引呂氏語。卷十三。頁八八。

註五九：楊載「詩法家數」。頁四。「歷代詩話」。台北藝文印書館。

註六〇：同上註。

註六一：范梈「詩學禁臠」。頁二至九。「歷代詩話」。

註六二：顧龍振編「詩學指南」。卷一。頁二。台北廣文書局。

註六三：同上註。

註六四：「詩學指南」。卷一。頁三。
註六五：「金聖歎選批唐才子詩」附錄。書頁三二三。台北正中書局。一九五六年四月。
註六六：「唱經堂才子書彙稿」。頁一六七。貝葉山房。一九三五年十二月。
註六七：「金聖歎選批杜詩」。頁三。香港東南書局。一九五七年四月。
註六八：「而菴詩話」。「清詩話」。頁四三二至三。
註六九：同上書。頁四三四。
註七〇：「杜少陵集詳註」。卷一。頁六。香港太平書店。一九六六年一月。
註七一：王若虛「滹南詩話」。卷三。頁二。「續歷代詩話」。台北藝文印書館。
註七二：徐渭「葉子肅詩序」。「青藤書屋集」。卷二十。頁二。道光丙午海山仙館叢書本。
註七三：袁宏道「雪濤閣集序」。「袁中郎全集」。上海世界書局。一九三五年十一月。
註七四：袁宏道「敍梅子馬王程稿」。「袁中郎全集」。
註七五：「譚友夏合集」。卷八。「中國文學基本叢書」。
註七六：「詩鏡總論」。頁十。
註七七：「清詩話」。頁一五〇。
註七八：葉燮「原詩」「內編」。「清詩話」。頁五七一。
註七九：同上書。頁六〇七。
註八〇：「石林詩話」。卷中。頁十四至五。「歷代詩話」。
註八一：「詩人玉屑」引「西清詩話」。卷二十。頁四四二。

註八二：同上書引。

註八三：「稗海」。台北新興書局影振鷺堂原刻本。一九六八年。

註八四：「懷麓堂詩話」。頁十一。「續歷代詩話」。

第五章　評後人分析王夫之詩論

談論清代詩論之學者，大多提到王夫之之詩論，然而有些涉及王氏詩論之文字，不僅不能揭示其理論之體系與其詩論之特色，反而有歪曲之處，實令人奇怪。

首分性靈、格調、神韻三派敍述明清詩論的，是日本鈴木虎雄之「支那詩論史」。郭紹虞「中國文學批評史」承之。鈴木虎雄標擧王士禎詩說爲神韻說，並未提及王夫之之詩論。郭紹虞則以王夫之曾以神龍喻詩，並言詩妙不在文字，詩作應有風味，與王士禎之看法有相同之處，遂認爲王夫之亦主神韻說，列王氏於其書中「神韻說」目下討論。其言云：

……意與勢，卽是船山所謂法與格，而實在卽是一切法與格，而實在卽是一切法與格所由來之基礎條件。他說：

「無論詩歌與長行文字，俱以意爲主。意猶帥也，無帥之兵，謂之烏合。李杜所以稱大家者，無意之詩，十不得一二也。……以意爲主，勢次之。勢者，意中之神理也。唯謝康樂爲能取勢，宛轉屈伸，以求盡其意，意已盡則止，殆無剩語，夭矯連蜷，煙雲繚繞，乃眞龍，非畫龍也。」

我嘗以爲船山詩論，與當時牧齋梨州諸人都不同，船山固有不滿意李獻吉一流人的言論，然而假使與牧齋梨州諸人比，則船山不能算是反對獻吉了。他的言論，只能稱修正獻吉。我又以爲船山詩論頗與王漁洋相同，漁洋詩論，實在也是對於李何詩論的修正。所以二王詩論頗有相似之處。這其間固然未必有直接的關係，至少也可見所見之暗合。（註一）

又云：

論到勢，所謂「夭矯連蜷、煙雲繚繞」，已有神韻的意思，而尤其與漁洋神韻之說爲相類似者，莫過下引「夕堂永日緒論」中的一節話：

「論畫者曰咫尺有萬里之勢。一勢字宜着眼。若不論勢，則縮萬里於咫尺，直是『廣輿圖』前一天下圖耳。五言絕句，以此落想時爲第一義。唯盛唐人能得其妙，如『君家住何處，妾住在橫塘。停船暫相問，或恐是同鄉。』墨氣四射，四表無窮，無字處皆其意也。李獻吉詩：「浩浩長江水，黃州若箇邊。岸回山一轉，船到堞樓前。』固自不失此風味」

論勢，面於五絕中求之，便有風味可言。否則，只是渾灝流轉的氣勢而已。漁洋論詩最推重白石言盡而意不盡之語，實則也卽是咫尺有萬里之勢的意思。（註二）

又云：

……景中生情，而後賓主融合，不是全無關涉；情中生景，而後不卽不離，自然不會板滯。以寫景的心理言情，同時也以言情的心理寫景，這樣才見情景融浹之妙。這樣才是所謂神韻。……

又云：

……（註三）

然而船山却不拈出神韵兩字爲其論詩主張，則以一經拈出，自有庸人奔來湊附，依舊陷了建立門庭的覆轍，才破一格，復立一格，這在船山是不爲的。（註四）

郭氏對王夫之詩論的處理是不當的：

第一。王夫之論詩，雖是就詩論詩，雖也要求餘味韵致，但其理論中心，是以由詩言志之講求，由詩應具溫厚敦厚之詩教之講求，由詩情與詩作風格宜宛轉蘊藉之講求爲骨幹，進而包含司空圖等要求詩要有餘味之詩見。郭氏只注意王夫之主張詩要有餘味的一面，而忽略王氏本於傳統之講詩言志，講詩之政教作用之另一面，並將前者視爲王氏之詩論中心，強王夫之入神韵派，這就有很大的缺點了。

第二。郭氏以王夫之不曾拈出神韻二字，與事實不符。「古詩評選」評尹式「別宋常侍」云：

用比偶而成近體，近體旣成，復有以單行跳宕見奇特者，物必反本之勢也。「無論去與住，俱是一飄蓬」，遂爲太白首路，其高下正在神韻間耳。（卷六。頁一七）

「唐詩評選」評王績「北山」云：

六代人作七言，于末二句輒以五言足之，實唐律詩之祖，蓋歌行之變體也。對仗起束，固自精貼，聲韻亦務諧和，乃神韻駿發，則固可歌可行。（卷一。頁一）

「明詩評選」評貝瓊「秋懷」云：

一泓萬頃，神韻奔赴。彥昺、廷琚，國初一雙玉箸，更不令三百年來作第三座也。（卷四。頁一八）

「唐詩評選」評李白「擬西北有高樓」甚而以神韻品次李白杜甫詩：

杜得古韻，李得古神，神韻之分，亦李杜之品次也。（卷二。頁一〇）

各評語中所用之神韻一詞，雖與王士禎之所謂神韻不盡相同，但王夫之曾拈用神韻二字，則是無可否認的。

第三。郭氏以王夫之並非反對李夢陽、何景明之言論，只能稱爲修正其論調。其實不然。從「明詩評選」一些評語中，王夫之於李何王李，公安、竟陵，較爲讚許的是公安，最爲排斥的是竟陵、李何之作，亦在嚴厲抨斥之列，尤以何景明爲然。如評李夢陽「贈青石子」云：

……平情論之，北地天才，自出公安下；六義之旨，亦墮一偏，不得如公安之大全；至於引情動思，含深出顯，分脛臂，立規宇，毆俗劣，安襟度，高出於竟陵者，不啻華族之視儈魁，此皇明詩體三變之定論也。（卷四。頁三〇）

又云：

三家之興，各有徒衆。北地之裔，怒聲醉奴，犫如狂兕。康德涵，何大復而下，愈流愈莽。公安乍起，卽爲竟陵所奪，其黨未盛，故其敗未極，以俗誕而壞公安之風矩者，雷何思，江進之數子而已。若竟陵則普天率土，乾死時文之經生，拾瀋行乞之遊客，樂其酸俗淫佻而易從之；乃至鬻色老嫗且爲分壇坫之半席，則回思北地，又不勝朱紘疏越之想。（同上）

評袁宏道「和萃芳館主人魯印山韻」云：

……三百年來，以詩登壇者，皆不能作句。中郎之病，病不能謀篇，至于作句，固其所長，洒落出卸，如白鷗浴水，才一振羽，卽絲毫不挂，李何王李、鍾譚，皆所不能也。（卷六。頁二八）

評何景明「大地」亦云：

……以品言之，于鱗最上，獻吉次，元美次、友夏次、仲默次、伯敬最下。然三百年間，六子之外，自有作者，不必向賣花擔上選花也。（卷五。頁一九）

至於對李夢陽、何景明之言論，王氏亦屢加指斥與嘲諷，如譏其言論，所拾乃糟粕。「明詩評選」評祝允明「述行言情詩」云：

……當枝山之時，陳王講學，何李言詩，不知俱但拾糟粕耳。眞理眞詩，已無有容渠下口處。（卷四。頁二七）

評沈明臣「上灘行」云：

……何仲默一派，全體落惡劣中，但于句爭唐人、爭建安，古詩卽亡於倣古者之手，如新安大賈烹茶對奕，心魂却寄鹽絹簿上，雅人固不屑與立談也。（卷二。頁一三）

評唐寅「出塞」云：

一若無意，乃盡古今人之意，一在其中。此眞古詩也。北地、信陽，舍此不知求，乃以摧筋出血、形埒漢魏，不已末乎？（卷四。頁二八）

評祝允明「述行言情詩」亦云：

弘正間、希哲、子長、九逵，領袖大雅，起唐宋之衰，一掃韓蘇淫詖之響，千秋絕學，一縷繫之。北地信陽，尙欲頡頏而爭，誠何爲邪？（卷四。頁二七）

評僧法聚「遊西湖和錢學士韵」云：

不在貝清江、劉彥炳下。李何徒言風骨，此乃有骨有風。（卷六。頁三二）

至若評宋濂「清夜」云：

……如此作者，道氣、雅情、騷腸、古韻，備矣。亦何必定如俗之所謂古學而後爲古哉？（卷四。頁一五）

亦針對七子之主張學古而發。王夫之講意與勢、情與景，而不論法與格，與李何之言論實有本質之不同，非止修正而已。

郭氏會有王氏主張神韵而不拈出神韵二字以及王氏詩論乃修訂李何言談之見，實由於不夠全面掌握王氏之詩論詩評作品而致。他所據的只是「詩繹」與「夕堂永日緒論內編」，而沒有采用「詩廣傳」，至於「唐詩評選」、「古詩評選」與「明詩評選」，由於排印成書是在一九三三年，與「中國文學批評史」初版成書於一九三四年（註五），相距只一年，恐郭氏無法及時獲閱。由於資料掌握不及，以致造成上述之錯誤言論。

然而，郭書對王氏詩論之分析，却影響了後世之一些研究者。劉若愚「清代詩說論要」就有着同樣的問題。作者將清代詩說分爲道學主義，個人主義、技巧主義與妙悟主義四類，並以王夫之、王士禎、王國維之詩詞理論歸屬後者。他說：

> 妙悟主義者，可以王船山、王漁洋、王靜安爲代表，三王論詩喜用之名詞雖各異，然其對詩之基本觀念大致相同。此觀念爲何？卽詩者，所以體味人生，默察萬物，而非僅言情之用，故三王或言「情景」，或言「神韻」，或言「境界」，皆兼重內心與人物者也。（註六）

如果「妙悟主義」之詩作，係指「體味人生、默察萬物，而非僅言情之用」，「兼重內心與人物」之作品。李夢陽「梅月先生詩序」云：

> 情者動乎遇者也。……遇者物也，動者情也。情動則會，心會則契，神契則音，所謂隨遇而發者也。……故遇者因乎情，詩者形乎遇。（註七）

胡應麟「詩藪」云：

> 嚴氏以禪喩詩，旨哉！禪則一悟之後，萬法皆空，棒喝怒呵，無非至理。詩則一悟之後，萬象冥會，呻吟咳唾，動觸天眞。（註八）

而被郭紹虞、朱東潤目爲王士禎神韻說之反對者吳喬「圍爐詩話」亦云：

> 夫詩以情爲主，景爲賓。景物無自生，爲情所化。情哀則景哀，情樂則景樂。唐詩能卽景入情，寄情于景。如子美之「近淚無乾土，低空有斷雲」……景中哀情之情宛然。（註九）

如此，主張格調之李夢陽與胡應麟，反對神韵之吳喬等，豈不是都可稱爲「妙悟主義」者麼？劉氏或見及其對「妙悟主義」所下之定義不足，故又補充說：

此派之詩觀，兼及物我，以詩爲外物滲透詩人獨有之領悟而顯出之形象，同時亦爲詩人性情經過一番提煉後而形諸文字之表見，以其反映外物，故不全爲個性拘束，以其表見性情，故又能有獨特之韻味。（註一〇）

不過，這也是有問題的。如劉勰「文心雕龍」論詩文，兼及物我。「物色篇」云：

春秋代序，陰陽慘舒，物色之動，心亦搖焉。（註一一）

也重視詩人情性之提煉與形諸文字之表達。同篇云：

是以詩人感物，聯類不窮。流連萬象之際，沈吟視聽之區。寫氣圖貌，既隨物以宛轉；屬采附聲，亦與心而徘徊。故灼灼以狀桃花之鮮，依依盡楊柳之貌，杲杲爲出日之容，瀌瀌擬雨雪之狀，喈喈逐黃鳥之聲，喓喓學草蟲之韻；皎日嘒星，一言窮理；參差沃若，兩字窮形。幷以少總多，情貌無遺矣。（註一二）

依「清代詩說論要」，則應置入「妙悟主義」一類中，但文中却置劉勰之理論於個人主義與道學主義之間，顯然是不以劉勰應列入妙悟主義爲然的。如是，則怎能獨取王夫之論情景、論興會之見，就逕列他爲妙悟主義，而無視他所強調之詩言志，詩之溫柔敦厚爲詩教等詩見呢？

「清代詩說論要」一文的缺點，不僅在分派分類以談述清代詩人發生問題，亦由於掌握王夫之詩論資料不夠。像郭紹虞一樣，劉氏只依據「詩繹」與「夕堂永日緒論」兩卷就分析王氏之詩見，自然不能全面見及其詩論體系，從而有誤解其詩論之缺點。

周振甫「詩詞例話」與陳友琴「關於王船山的詩論」討論王夫之對詩風格的見解，歪曲王氏本意尤其顯著。王夫之在「夕堂永日緒論內編」云：

小雅「鶴鳴」之詩，全用比體，不道破一句，「三百篇」中創調也。要以俯仰物理詠歎之，用見理隨物顯，唯人所感，皆可類通，初非有何指斥一人一事，不敢明言而姑爲隱語也。若他詩有所指斥，則皇父、尹氏、暴公，不憚直斥其名，歷數其慝，而且自顯其爲家父，爲寺人孟子，無所規避。詩敎雖云溫厚，然光昭之志，無畏于天，無恤于人，揭日月而行，豈女子小人半含不吐之態乎？「離騷」雖多引喻，而直言亦無所諱。宋人騎兩頭馬，却博忠直之名，又畏禍及，多作影子語，巧相彈射，然以此所禍者不少，既示人以可疑之端，則雖無所誹誚，亦可加以羅織。觀蘇子瞻烏台詩案，其遠謫窮荒，誠自取之矣。……（「薑齋詩話」卷下。「淸詩話」。頁一八）

周振甫認爲由此段話可知王氏反對詩敎之片面性說詩。「詩詞例話」云：

儒家對詩敎的說法，見于「禮記」「經解」篇，說：「溫柔敦厚，詩敎也。」這種說法在文藝理論上有很大影響。這裏指出這種說法的片面性。就拿儒家尊爲經典的「詩經」來說，其中的詩也不完全是溫柔敦厚的。（註一三）

同時，他也表示，由此段話，也可知王氏兼主溫柔與直斥兩種詩風。同書云：

……（此則）指出除了溫柔敦厚之外，直言指斥的詩是非常必要的。……在風格上說，這類詩比較剛健，和柔婉的溫柔敦厚派的詩不同，對豐富詩的各種風格說也是很有意義的。（註一四）後一點，也是陳友琴「關于王船山的詩論」所堅持的。該文在「從比體說到直言」中，根據上引之「夕堂永日緒論內編」之那段話說道：

在風格上，他（王夫之）一面提倡含蓄，引喻設譬，傍敲側擊，要竭盡委婉曲折的能事，但一面又說詩有時也要痛快淋漓，不能全部局限于「詩經」中的隱喻和比體。（註一五）

又說：

他（王夫之）舉「詩」「小雅」「十月之交」和「節南山」中詩句對周朝掌大權的皇父、尹氏進行攻擊，並且在詩裏寫出自己的名字，毫不隱諱。又引「離騷」來說明屈原也在詩中直言指斥壞人壞事，以暴露楚王朝的黑暗。可見寫詩在應該溫柔敦厚時就溫柔敦厚一些，在應該直言不諱時就直言不諱。兩種風格是並行不悖的。（註一六）

從表面看，上引之「夕堂永日緒論內編」的那一段話，會給我們和周陳兩位同樣的印象，王夫之反對詩教之片面性之說詩與兼主溫柔與直露兩種詩風。事實不然。先說詩教，在第三章論析王夫之詩論時，我們已指出王氏是主張詩的教化性能的。我們除了可以「詩廣傳」之引文「詩之教，導人於清貞而蠲其頑鄙，施及小人而兼隅未刓，其亦效矣」來作證明之外，王氏在詩評中，也常提及詩教之重要性。「古詩評選」評江淹「效阮公詩」「陰陽不可知」一首云：

摘一段說，便從此引伸，情事自見。聞之者足悟，言之者無罪。此眞詩教也。唐以後詩亡，亡

之而已。（卷五。頁二七）

同書評庾信「詠懷」「日色臨平樂」一首云：

……故聞溫柔之爲詩教，未聞其以健也。健筆者，酷吏以之成爰書，而殺人藝苑有健訟之言，不足爲人心憂乎？（卷五。頁四二）

「唐詩評選」評曹鄴「和謝豫章從宋公戲馬臺送孔令謝病」云：

代和意深，所以代和意益深，長慶人徒用謾罵，不但詩教無存，且使生當大中後，直不敢作一字。（卷二。頁二一）

因此，說王夫之反對詩教是完全不能成立的。

王夫之論詩風格，第三章也曾析及，他主張溫婉柔靜之體貌而反對直露粗豪而全無含蓄的詩風。這種見解，於王氏詩評中，隨處都可看到。如「古詩評選」評漢鐃歌曲「戰城南」云：

……所詠雖悲壯，而聲情繚繞，自不如吳均一派，裝長髯大面腔也。丈夫雖死亦閒，閒爾何至頹面張奉？（卷一。頁一至二）

同書評瑟調曲「艷歌行」云：

古人於爾許事，閒遠委蛇，如此乃以登之筦絃，遂無赧色。擢骨戟髯以道大端者，野人哉？（卷一。頁四）

評何承天「石流篇」云：

起興遠，跌蕩緩，感人倍深，頳面戟髯，亦何爲哉？（卷一。頁一九）

評應瑒「報趙淑麗」云：

詩云：「角弓其觩，旨酒斯柔。」弓宜觩也，酒宜柔也。詩之爲理，與酒同德，而不與弓同用。（卷二。頁三）

評元帝「春別應令」云：

……王江寧七言小詩，非不雄深奇麗，而以原始揆之，終覺霸氣逼人，如管仲之治國，過爲精密，但此便與王道背馳，況宋襄之煩擾妝腔者乎？（卷三。頁一〇）

評左思「咏史」「荊軻飲燕市」一首云：

詠荊軻詩古今不下百首，屑屑鋪張，裹袖揎拳，皆浮氣耳。惟此蘊藉舂容，偏令生色。余不滿太白「經下邳圯橋」詩，正以此故。以頳面挂髮爲髯，優人之雄，何足矜也。（卷四。頁一八至一九）

「唐詩評選」評王績「北山」云：

……此首前四句，句裏字外，俱有引曳騫飛之勢，不似盛唐後人促促作轅下駒也。（卷一。頁一）

同書評杜甫「後出塞」云：

杜詩敗筆有「李瑱死岐陽，來瑱賜自盡」，「朱門酒肉臭，路有凍死骨」一種詩，爲宋人謾罵之祖，定是風雅一厄。道黃難周，無寧自愛。（卷一。頁一三）

「明詩評選」評孫蕡「短歌行」云：

英雄蘊藉，不蘊藉而以英雄，屠狗夫耳，北方之爲詩者以之。（卷一。頁九）

評高啓「寄余左司」云：

雄不以色，悲不以淚，乃可謂之悲壯雄渾。披狐貉，啖棗麨者，曷以與于斯？（卷六。頁九）

評李夢陽「雜詩」云：

……此詩之病，在「揮袂撫劍」四字，非但惡此四暴橫字也。一篇之中，不乏沈思，而使人躁氣當之，正爲其胸中有此四字耳。青天白日，衣冠相向，何至揎拳把利刃作響馬態邪？北人無禮，將爲夷風之久染乎？（卷四。頁三一）

因此，說王夫之兼主溫柔與直斥兩種詩風也是不能成立的。

陳友琴從王夫之各種詩選之評語中，見及他主張溫柔敦厚之詩風而排斥逕露粗豪之作品。所以在「闡于王船山的詩論」文中後一部分如是表示：

他是溫柔敦厚的極端擁護者，因此對凡是和溫柔敦厚的詩教不盡吻合的作品，他都一律排斥，對杜甫當然不能例外。我在上一部分說他有時也容許「直言」，那是對「詩經」中少數篇章說的，對「詩經」以外的詩，如有「直言」那便取排斥的態度。這就是我在本節開始時說他有時不免「旨趣有相乖忤」的好例。（註一七）

陳氏只憑前引之「夕堂永日緒論內編」之那段話而肯定王氏兼主直言與比體，也只憑那一段話指出王氏詩論「有時不免旨趣有相乖忤」，因此，進一步分析「夕堂永日緒論內編」這一段話實有必要的。

細讀「夕堂永日緒論內編」的這段話，自「鶴鳴」冒起，直至文末，我的理解是王氏主要在針對「女子小人半含不吐之態」與「騎兩頭馬，欲博忠直之名，又畏禍及」的爲人作風提出意見。他以爲：會有半含不吐之態的人，其心胸一定沒有光昭之志。若有光昭之志，則可堂而皇之揭日月而行，無畏于天，無恤于人。他引詩篇爲例，亦在說明此點，並非言詩。「古詩評選」評郭璞「遊仙詩」評及郭氏之爲人處世態度云：

> 步兵一切皆委之詠懷，弘農一切皆委之遊仙。弘農之以自全者，不逾善乎？而終不免處逆流，逢橫政。正當揭日月而行，徒爲深人之色，以幸兩全，亡益也。雖然弘農之於此，亦可哀已！
>
> （卷四。頁二八至二九）

也是以爲人應當「揭日月而行」以評郭氏之作風。所以周陳兩位只取這段言語，誤爲王氏論詩之風格，從而肯定王氏兼主溫婉與直露、比體與直言兩種詩風，實在是不能成立的。

由對王氏詩論之分析可以見及，欲整理一位詩論者之詩論體系，必須全面把握和他有關的資料，從而深入與細密地分析其見解，並發掘其見解之特色，這是極爲重要的不可或缺的工作。

【附　註】

註　一：郭紹虞「中國文學批評史」。頁五三五。台北商務印書館。一九六九年十一月。

註二：同上書頁五三五至五三六。

註三：同上書頁五三七至五三八。

註四：同上書頁五三八。

註五：見郭書自序。該書頁四。

註六：「香港大學五十同年論文集㈠」。頁三三九。香港大學中文系。一九六四年。

註七：「空同集」。卷五十。頁十七。

註八：「詩藪」「內編」。卷二。

註九：「清詩話」。頁三三。

註一〇：同註六。

註一一：劉勰「文心雕龍」「物色篇」。「文心雕龍註」。

註一二：同上註。

註一三：周振甫「詩詞例話」。頁一六二。中國青年出版社。一九六二年九月。

註一四：同上註。

註一五：陳友琴「關於王船山的詩論」。「王船山學術討論集」。頁四七一。中華書局。一九六五年八月。

註一六：同上書頁四七二。

註一七：同上書頁四八四。

附錄一

王敔薑齋公行述補證

「薑齋公行述」，王夫之哲嗣王敔作，（註一）所述於王夫之生平事蹟及其著述情況，較其他有關之著作爲詳，然猶有未盡之處，謹此補之。欲知王氏生平者，於此可見其大略。

先子船山府君，諱夫之，字而農，號薑齋。中歲稱一瓢道人，更名壺。晚歲仍用舊名。

鄧之誠「清詩紀事」：「王夫之，字而農（註二），號薑齋。又號夕堂（註三）。或曰一瓢道人（註四），雙髻外史（註五）。晚居石船山，自署船山病叟，學者稱船山先生。」所列王氏別名，已較王敔所言爲多。周調陽「王船山著述考略」（下省稱「周略」），嘗就王氏著作，匯集其別名，得三十餘種。除夫之、而農、薑齋外，尚有雙髻外史、檮杌外史（註六）、蓮華山人、賣薑翁、壺、壺子（註七）、瓢道人、一瓢道人、一瓢先生、船山、船山老人、船山老夫、船山老農、船山遺老、船山病叟、草堂、湘西草堂、茱萸塘、敗葉廬、南窗、夕堂、夕堂老漢、觀我生（註八）、武夷先生牧豎、夫之小字三三、薑齋老人、不如守中、七十二峰七十二叟、南嶽夢菴柴人等。詳見「王船山學術討論集」頁五〇三至五。

居於湘西蒸左之石船山，自爲之記。

劉獻廷「廣陽雜記」：「王而農先生，住查江。」唐明邦「王船山史迹訪問記」言及石船山、査江、湘江、蒸水之位置云：「石船山就在衡陽縣曲蘭地方，距衡陽市九十多公里，……地當湘江之西，蒸水之左，接近渣江。」王夫之晚年定居石船山，築有觀生居（見潘宗恪「船山先生傳」）。嘗寫「船山記」一文，言曾於彼「閱寒暑者十有七，而以該山卽彼之山。」（「船山記」見「王船山詩文集」）此亦係王夫之別名船山之所由。

蒸湘人士，莫傳其學。

鄧顯鶴「船山著述目錄」（下省稱「鄧目」）：「先生……多聞博學，志節皎然，……雖隱逸之薦，鴻博之徵，皆以死拒。……竄身搖洞，絕迹人間。席棘飴茶，聲影不出林莽。門人故舊，又無一有氣力推挽，沒後四十年，遺書散佚。……後生小子，致不能舉其名，可哀也。」

間有就而問字者，稱爲船山先生。所評選有漢魏六朝詩一帙，四唐詩一帙，古文一帙，緒論一帙，皆駁時尙而辨僞體。名曰：夕堂永日。人士之贈答者，又稱夕堂先生焉。

案：王氏評選詩文之作品，實不止此。「周略」引湘西草堂初刻本「夕堂永日緒論」後曾載陽附識云：「子船山先生初徙茱萸塘，同里劉庶仙前輩近魯藏書甚多，先生因手選唐詩一帙，顏曰：夕堂永日。夕堂，子先生之別號也。繼又選古詩一帙，宋元詩、明詩各一帙，而暮年重加評論，其說尤詳。至於古文，則始於周、秦，終於陳、隋。賦居三之一，文居三之二，皆顏曰：夕堂永日。外則左傳、國語、國策各書，陶靖節、謝康樂、鮑參軍、李青蓮、杜工部各詩，劉復愚文及近代劉靑田、徐文長、湯海若各集，均有評論。卷帙繁重，難於問世，且問世亦非先生意也。先生嘗言「世之言詩文者，各立門戶以爭名場，吾名心消盡，所評論者借以永日而已」。暮年自取其所論說，約而賅之，爲「夕堂永日緒論」上下二卷。上卷論詩及古文之法若干條，下卷論則義之法若干條。時先生已七十有二矣。」王氏評選詩文作品，已刻印者有：「詩繹」一卷，「夕堂永日緒論內編」一卷、「夕堂永日緒論外編」一卷、「南窗漫記」一卷、「夕堂永日八代詩選評」六卷（又名「古詩評選」），「夕堂永日四唐詩選評」四卷（又名「唐詩評選」），「夕堂永日明詩選評」八卷（又名「明詩評選」）。未見者有：「夕堂永日八代文選評」，「夕堂永日宋詩選評」，「李詩評」、「杜詩評」、「劉復愚集評」、「詞選」等。

王氏系出太原。元至正以前失譜不詳。十一世祖諱仲一，揚州高郵人。從明太祖定天下，以功授千戶，生輕車公諱成。永樂初，以翊戴功陞衡州衞，指揮同知，遂籍於衡陽。

王夫之「家世節錄」（下省稱「節錄」）作王成，「武夷府君行狀」（下省稱「行狀」）則作王全，未知孰是。

七世祖護軍公諱綱，從都御史成公金平郴韶賊，以功晉驃騎將軍。

成金「行狀」作秦金。案：秦金是。「明史列傳」：「秦金，字國聲，無錫人。弘治六年進士，授戶部主事。……九年，擢右副都御史。……降盜賀璋、羅大洪復叛，討平之。郴州桂陽猺龔福全稱王，金先後破砦八十餘，斬首二千級，擒福全及其黨劉福興等。」

上護軍王父徵軍諱朝聘，字修侯。以天啓辛酉副榜授廸功郎。

王朝聘七試鄉闈，均不第。至天啓辛酉，始中副榜。「行狀」載此事云：「當萬曆中年，新學浸淫天下，割裂聖經，依傍釋氏，附會良知之說。先君子獨根極理要，宗濂、洛正傳，以是七試鄉闈不第。逮天啓初，禪學漸革，而先君年已遲暮矣。辛酉闈牘爲繆西溪先生昌期所賞拔，副考以融其私諱置乙榜，用恩例入北雝。」

棄官隱居，

棄官隱居之因，「湖南通志」有載：「（朝聘）天啓辛酉，以副貢游北雝。崇禎中當得官，會溫體仁當國，選郎承意，旨索賂。朝聘曰：『仕以榮親，而賂以取辱，可乎？』遂碎牒歸。」溫體仁，字長程。烏程人。「明史」有傳。見該書卷三〇八。

受學於邑大儒伍學父先生定相。

「行狀」：「先君子少從鄉大儒伍學父先生定相受業，先生授徒百人，先君子爲領袖。」劉獻廷「廣陽雜記」：「（修侯）少從伍學父先生游。」王朝聘與伍學父師生之交甚篤，此於伍學父病重時尤其表露。「行狀」：「歲丙寅大疫，學父先生及舅氏小酉公皆染病不起，其家人子弟爭匿避去。先君子獨日夕躬省，不離床榻，執手以待瞑。」「廣陽雜記」：「（伍定相）天啓三年疾革，呼修侯先生曰：『丈夫不死於婦人之手，子丈夫也，吾死子手矣。』遂逝。」伍氏疾革，劉獻廷作天啓三年，王夫之作丙寅（天啓六年）。劉茂華「王夫之先生學術繫年」疑

「三」爲「六」之誤。確。伍學父學主淹貫。「廣陽雜記」：「（學父）博綜天文、地紀、人官、物曲、兵農、水利之學，皆淹貫。」其學爲船山之本。鄧顯鶴「沅湘耆舊集」：「其學以淹貫爲主，船山之學所由本也。」羅正鈞「船山師友記」：「學父先生爲武夷先生業師。……丙寅天啓六年，（船山）先生時年八歲，已入塾讀書。「漫記云」：『幼曾見其詩。』則必常晉謁先生，傳受家學。鄧氏謂伍氏爲船山之學所本。故自不誣。」伍學父亦精於詩文。王夫之「南窗漫記」：「定相先生，詩文爲南楚領袖。」「廣陽雜記」：「早歲喜吟詠，因選漢魏以來十一代詩文，各成一部，爲詩文二壘。嘗謂詩文古今未有合一者。合理於文，則文不宣理；合文於詩，則詩不達情。」王夫之嘗選漢魏以來八代詩文，且詩評云：「詩以道性情，道性之情也。性中儘有天德、王道、事功、節義、禮樂、文章，却分派與易、書、禮、春秋去，彼不能代詩而言性之情，詩也不能代彼也。」（見「明詩評選」卷五）又云：「詩有敍事敍語，較史尤不易。史才固以檃括生色，而從實者著筆自易。詩則卽事生情，卽語繪狀，一用史法，則相感不在永言和聲之中，詩道廢矣。」（「古詩評選」卷四）又云：「詩固不以奇理爲高，唐宋人於理求奇，有議論而無歌詠，則胡不廢詩，而著論辯也。」（「古詩評選」卷五）可知王氏詩選詩評受伍氏之影響。伍氏著有「風雅集」及「十一代詩文選」（見「廣陽雜記」），俱不傳。

究極天性物理，以武夷爲朱子會心之地，志游焉。以題書壁，學者稱武夷先生。

案此段本「行狀」。其言云：「先君子諱朝聘，字逸生，一字修侯。以武夷爲朱子會心之地，志游焉，以題書室。學者稱武夷先生。」

祖母譚孺人。

譚氏生平家世，詳王夫之「顯妣譚太孺人行狀」、「譚太孺人行狀」。此二行狀，前者載衡陽刻本「船山遺書補遺」，後者見原刻本，唯文字有異，是以北京中華書局整理王氏詩文，並將二者收錄。詳「王船山詩文集」。

府君生於萬曆四十七年已未九月初一日子時。

王夫之放杜少陵文文山作七歌：「我生萬曆四七秋。」

年十四，督學王聞修先生志堅拔入學。其後寧波水向若先生佳胤，崑山王澄川先生永祚皆鑑識首拔。崇禎十五年壬午，以春秋魁與伯父石崖先生同登鄉榜，大主考爲太史吉水郭公之祥，副主考諫議大興孫公承澤，房師則安福歐陽方然先生介也。華亭章公曠，江門蔡公道憲，是科俱爲分考，□□勢漸不可支，出場後遂引爲知己，以志節相砥礪。

王夫之有兄二人。長號石崖，字介之，一字石子，又號耐園。明亡，亦匿居不出。著有「周易本義」四卷、「詩經尊序」十卷、「春秋四傳質」十二卷等。詳見「清史稿」，「清史列傳」，「國朝先生事略」。王夫之亦曾爲撰一傳略（註九）。次號檉齊，名參之，字立三，一字叔稽。性至孝。爲文婉折有風度，早卒。傳見劉獻廷「廣陽雜記」。王夫之兄弟治春秋有成就，與其家學有關係。「節錄」云：「先君少治詩，徒治春秋。」王介之「春秋四傳質自序」言其治春秋受家學之影響云：「余家世葩經，先君徙業，其於先師所傳，亦既別有手疏矣。而時取先賢傳注所未及者，進余兄弟而提命之，余兄弟是以有家說正續之述。」王夫之「春秋家說・自序」亦云：「先徵君武夷府君，早受春秋於酉陽楊氏，已乃研心曠日，歷年有得。…歲在丙戌，大運顛覆。府君於時春秋七十有七，悲天憫道，誓將謝世，乃呼夫之而命之，夫之受命怵惕發蒙，執經而進。敘問其所未知，府君更端博說，浚其已淺，疏其過淺，折其同三傳之未廣，詰其異三傳之未安，始於元年統天之非，終於獲麟瑞應之誕。」

王志堅，字弱生，崑山人。官至僉事督湖廣學政，禮部推爲學官第一。傳見「明史」。章曠，字文舒，號峨山，華亭人。贈華亭伯，謚文毅。丁亥死事於永州，與王氏交往甚密。傳見「明史」。蔡道憲，字元白，晉江人。崇禎十年進士，爲長沙推官。張獻忠陷長沙，道憲被執，罵敵至死。年僅二十九。隨從林國俊等九人，亦遇害。事見「明史」。劉獻廷「廣陽雜記」。排印本「船山遺書」所收本文，「勢」字上二字脫，依金陵刻本，二字乃爲「時」、「國」。宜從後者補。

是冬，上計偕行。至南昌，道梗。歐陽先生諭以歸養。

王夫之「石崖先生傳略」（下省稱「傳略」）：「壬午舉於鄉，錄文呈御。計偕至南昌。楚中亂，遂同夫之歸。」據「明史」，李自成於崇禎十五年（壬午）九月，決河灌開封，陷汝寧，進逼襄陽。十二日陷襄陽荊州。（「明史」卷二四與卷三〇九）張獻忠亦於是年陷廬州，無爲、太湖、黃梅。（「明史」卷三〇九）南北通路，遂爲張、李所載，故王敔有道梗之言。

明年癸未，張獻忠陷武昌，遞陷衡州，紳士多反而納款，其不降者，賊投之湘水。

「行狀」：「張獻忠陷衡州，……日投人水中。」潘宗洛「船山先生傳」（下省稱「潘傳」）：「癸未，流賊張獻忠陷衡州，紳士降者以僞官之，不降者縛而投諸湘水。」張獻忠似常用投人於水以爲刑法。「明史」：「（獻忠）陷武昌，執楚王華奎，籠而沈諸江，盡殺楚宗室。錄男子二十以下，十五以上爲兵，餘皆殺之。由鸚鵡州至道士洑，浮胔蔽江踰月，人脂厚累寸。魚鱉不可食。」

府君匿南嶽雙髻峰。徵君爲僞吏所得，挾質以召伯父與府君。徵君迫於自裁。府君哀窘，匿伯父，自刺身體重創，傅以毒藥，舁至賊所。賊不能屈，得免於難，復匿嶽峰中。

「節錄」：「崇禎癸未，張獻忠陷衡州，鉤索諸人士，令下如猛火，購伯兄及夫之甚急。先君爲僞胥所得，勒致郡城，僞吏故爲軟語，誘先君致之兄弟。先君張目直視，終不答。僞吏怒，將覇先君。先君歎曰：『安能以七十老人，俛仰求活。』沐浴易衣，就親故告別，將於是夕投環。夫之聞先君在縶，乃殘毀支體，舁簀到郡，守候徹夜。乃不果。明日遂以計脫遁。黃岡奚鼎鉉始以文字與夫之相知。聞至是陷賊中爲吏，力脫先君於險，先君終不與語。」事亦具王夫之「石崖先生傳略」、「顯考武夷府君行狀」等。依「傳略」，王氏於張獻忠鉤索時，乃與其兄匿居南嶽蓮花峰下。蓮花峰，「湖南通志」：「在崇嶽鄉，四水環繞，山如蓮花，有宋徽宗天下南嶽四字。

甲申五月，聞北都之變，數日不食，作「悲憤詩」一百韻。吟已輒哭。後自乙酉，丙戌至壬寅，同原韻凡四續焉。

「周略」：「公元一六四四年（明崇禎十四年。甲申）三月，李自成進克北京。明崇禎帝自縊。五月。吳三桂勾引清兵攻陷北京。他（王夫之）在南嶽聽到這消息，數日不食，作『悲憤詩』一百韻。吟罷輒哭。一六四五年（清順治二年。南明弘光元年。乙酉）五月。清兵攻陷南京，明總兵田雄劫福王投降，至太平遇害。他聞知變故。作『悲憤詩』一百韻。這是第一續。一六四六年（清順治三年。南明隆武二年。丙戌）八月。清兵陷福建汀州，唐王被執，旋遇害。他知道後，仍作『續悲憤詩』一百韻。這是第二續。一六六二年（清康熙元年。壬寅）四月。吳三桂在昆明殺害永曆帝，他得到消息後，又作『續悲憤詩』一百韻。這是第三續。在這十八年間……遭遇國變四次，他作了『悲憤詩』和『續悲憤詩』四次，都是同原韻的。可惜這些詩篇，現在都不存在了。」

乙酉以還，走入永興，將入猺洞，以徵君君病不能住。

金陵本徵君下無「君」字。多此「君」字，文義不通。

明年丙戌，湖廣兵烽塞野，大旱赤地。是時督師黎平何公屯湖南，宜興堵公屯湖北，而李自成死九宮山，餘黨降時，號忠貞營。二公安置無術，南北不協。府君知湖上之敗，必由此。走湘陰，上書於司馬章文毅公，指畫兵食，且諫其調和二公，以防互潰。公報以「本無異同，不必過慮。」府君含默而退。已而堵公辟檄兩及，府君臥耒陽不往。其後喪敗相仍，何堵二公前後俱以殉節。章公亦憂憤而卒。

「潘傳」：「明藩稱隆武年號者，使其督師何騰蛟屯湖南，制相堵胤錫屯湖北。楚省兵燹塞野，加以大旱，赤地千里。而逆闖李自成既斃於九宮山，餘黨降者號爲忠貞營，蹂躪潛漢，有岌業之勢者。堵何兩公措置無術，而又不相能。先生憂其將敗，亟走湘陰，上書於司馬章曠，指畫兵食，情調和南北，以防潰變。章司馬報曰：『本無異同，不必過慮。』先生默而退。卒之，賊勢猖獗，司馬以憂憤卒。堵何兩公遘閔，而勢不可爲矣。」王敔「行述」作於康熙四十五年，「潘傳」則早一年寫成，故知王敔此段，乃本潘傳。　何騰蛟，字雲從。貴州黎平衞人。堵胤錫，字仲緘。無錫人。傳俱見「明史」。

永曆元年丁亥，今皇清之順治四年也。是歲冬有一月，王父徵君棄世，府君哀毀，以終大事。營葬嶽後，塋兆既成，旦夕悲號。

「節錄」：「永曆丁亥，夫之避居湘鄉山中，伯兄匿跡東安之四明山。先君間寄手書至曰：『汝若自愛，切不須歸，勿以我爲念。』時八月二十三日也。書發之明日，遂以覯疾。伯兄踉蹌先歸，夫之以次還。先君顧不喜。已乃力疾率伯兄及夫之上南嶽峰頂以隱。俄而疾急，乃曰：『吾居平無一言可用教汝兄弟者，況今日乎？我即不起，當葬我此山之麓，無以襯行城市，違吾雅志，且以塋兆在彼，累汝兄弟數見諸不淨事也。』臥病三月，未嘗有一呻吟之聲。十一月十八日平旦，扶起晏坐而終。」「顯考武夷公行狀」亦云：「（先君）逮丁亥病革，遺命以南嶽蓮花峰之麓，幽迴遠人間，必葬我於此，勿截遺形過城市與腥臊相涉。」

膺難西走。

王夫之於其父謝世後，嘗與管嗣裘舉義兵於衡山，兵敗西走。事見氏著「永曆實錄」卷十七。「請終喪免閣試疏」。管嗣裘，字治仲。傳見王夫之「永曆實錄」。

留守瞿公式耜疏薦之，府君疏乞終喪。

瞿式耜，字起田，常熟人。官至文淵閣大學士兼兵部尚書。傳見「明史」卷二八〇。　瞿式耜薦王夫之之前，堵胤錫亦曾薦之。「請終喪免閣試疏」：「前督輔臣胤錫，誤以庶常薦臣，臣告之家臣晏清，幸得以終制覆允。不謂留守輔臣瞿式耜爲汪郊等請閣試，復以臣名廁於其後也。」

得旨云：「具見孝思，足徵恬品，著服闋另議。」

桂王旨批原文爲：「王夫之奏請終喪，乞免閣試，足見孝思，更徵恬品，着俟服闋，另與議考。」

已而歎曰：「此非嚴光魏野時也。違母遠出，以君爲命，死生以爾。」服闋，就行人司行人介子之職。

時粵僅一隅，而國命所繫，則瞿公與少傅嚴公實砥柱焉。

「潘傳」：「是時粵中國所繫，則瞿式耜與其少傅嚴起恆。」嚴起恆，浙江山陰人。傳見「明史」卷二七九。

紀綱大壞，驕師外訌，宦倖內恣，視弘隆朝之亡轍而更甚。科臣金公堡，袁公彭年，丁公湘客，蒙公正發主持振刷，而內閣王化澄，悍師陳邦傅，內豎夏國祥等交害之，指爲五虎，將置之死。

五虎事見「明史」卷二七九。徐鼒「小腆紀年附考」言之尤詳：「大兵之未入廣西也。陳邦傅嘗通款於我大清，以是爲李成棟所輕。邦博又以潯、慶、南、太四郡未與薙髮，自侈爲功，故袁彭年，李元胤尤惡之。科道諸臣希二人意，以攻擊邦博爲事。給事中金堡尤力。嘗劾邦博十可斬。……諸輕剽喜事者，自元胤彭年以下，少詹事劉湘客，給事中丁時魁、蒙正發交懽。……故當時有假山圖五虎號。假山圖者，給假山一座，朝官數百人，有首戴者，肩負而手托者，仰望遠所指點而話言者，驚恐退避兩手掩耳而疾走者。又謂之假虎邱，以彭年爲虎頭，時魁爲虎尾，正發爲虎喉，湘客爲虎皮，堡最可畏，爲虎牙。」依該書，五虎乃爲陳邦博、吳貞毓、郭之奇、萬翶、程源、張孝起、李用楫等所陷。袁彭年等傳，見王夫之「永曆實錄」。

府君走訴嚴公：「諸君棄墳墓，捐妻子，從王於刀劍之下，而黨人假不測威而殺之，則君臣義絕，而三綱斁，雖欲效南宋之亡，明白慷慨，誰與共之？」勸公匍匐求貸時，緹騎掠諸君舟，僕妾驚泣。府君正色責之而止。其後五虎以嚴公力，得不死。

「小腆紀年附考」：「吳貞毓…等疏論袁彭年等五人把持朝政，罔上行私，明黨誤國十大罪。王以彭年反正有功，特免議，餘下錦衣獄。大學士嚴起恒請對水殿，不得入，率諸臣長跪沙際。」卽言起恒救五虎事。

而黨人雷德復誣參嚴公。

「小腆紀年附考」：「吳貞毓等十四人之合疏糾五虎也，將置之死，以起恒數爲丁時魁，金堡所指摘，意必乘機下石，而起恒顧力求救之。因大惡起恒，合詞請召王化澄等入閣，給事中雷德復劾起恒二十餘罪，比之嚴嵩。王不悅，奪得復官，起恒力求罷斥，王挽留至再，不得，放舟竟去。」卽言起恒遭陷事。

府君抗疏指陳、王、雷悞國，疏凡三上，嚴公雖留而志不得申。

「潘傳」：「化澄之黨參起恒，先生亦三上疏參化澄結奸誤國。」其中一疏，「王船山詩文集」有收。見該書頁六四四至六。

黨人吳貞毓、萬翺且陷府君於不測，府君憤激咯血，因求解職。時有忠貞營降將高必正，慕義營救之，乃傳給假。高必正者，原名一功。闖賊所謂制將軍者是也。府君以其人國讎也，不以私恩釋憤。

「潘傳」：「化澄之黨參起恒，先生亦三上疏，參化澄結奸誤國。化澄恚甚，必欲殺之，其黨競致焉。會有降師高必正者救之。得不死，亦不往謝也。」化澄黨人陷王氏，乃基於一託名王氏所作之詩序。其情王夫之「和梅花百詠詩序」有云：「庚寅夏，昔同游者江陵李云芳廣生，相見於蒼梧，與洒山陽之涕。李侯見謂君不忘浮湘亭上，蓋尋百梅之約，爲延陵劍耶。余感其言，將次成之。會攸縣一狂人，亦作百梅惡詩一帙，冒余名爲序。金谿執爲釁端，將構大獄，擠余於死。不期暗香疏影中，作此惡夢，因復敗人吟興，抵今又十五年矣。」王化澄，金谿人。

金谿卽指化澄。

高必正，陝西米脂人。傳見「明史」，王夫之「永曆實錄」。

自此隨地託迹，或在浯，或在郴，或在耒，或在晉寧，或在漣邵，所寓之處，人士俱極依慕。府君不久留，輒辭去。

「潘傳」言王氏擺脫王化澄之構陷後之行迹甚詳。言云：「返桂林，復依瞿式耜，聞母病，間道歸衡。至則母已歿。其後瞿式耜殉節於桂林，嚴起恒受害於南寧，先生知勢愈不可爲，遂決計於林泉矣。」又云：「壬寅，聞緬甸之變，……先生遂浪游於浯溪、郴州、耒陽、晉寧、漣邵之間。凡所至期月，人士慕從者衆，輒辭去。」依「潘傳」，王氏決計林泉時，孫可望嘗招王氏，唯王氏不往。其原因於所作「章靈賦」之釋文曾透露：「時上受孫可望之迎，實爲所挾，既拂君臣之大義，首輔山陰嚴公，以正色立廷，不行可望之王封，爲可望賊殺。君見挾，相受害，此豈可託足者哉？是以屛迹居幽，遯於蒸水之原。而可望別部大帥李定國，出粤楚，屢有克捷，兵威震耳。當斯時也，欲留則不得乾淨之士以藏身，欲往則不忍就竊柄之魁以受命，進退縈回，誰爲吾所當崇事者哉？既素秉清虛之志，以內決於心，固非悠悠紛紛者能知余之所好也。」

孫可望，傳見「明史」。

最後自嶽陰遷船山，築土室名觀生居，遂以地之僻而久藏焉。

「潘傳」：「最後歸遊石船山，……築土室名曰觀生居。晨夕著書，蕭然自得。」至於守正道，以屏邪說，則參伍濂洛關閩，以闢象山、陽明之謬，斥錢、王、羅□□□，作思問錄內外篇，明人道以爲實學，欲盡廢古今虛妙之說而返之實。

「斥錢王羅」下脫三字，金陵刻本作「李」、「之」、「妄」，宜從後者補。王氏治學，兼採漢宋，於義理方面，尤服膺宋代諸先生。張西堂「王船山學譜」（下省稱「張譜」）：「先生雖謂漢儒必不可毀，而實亦甚服膺有宋諸先生。其述易也，章句依朱子本義，而爲禮記章句，於大學中庸，俱從朱子章句而爲之衍。」除朱熹外，王氏對程顥亦甚推崇。「禮記章句」：「中庸大學，自程子擇之禮記之中，以爲聖學傳心入德之要典，迄於今，學宮之教，取士之科，與言道者之所宗，雖有曲學邪說，莫能違也。」對張載，更許爲宋儒之最，常以「希張橫渠之正學而力不能企」爲慨歎。對以釋老之學言性言天理者。則加非議。是以王陽明及其弟子錢羅二王之學，遭致王氏之排斥。王氏「禮記章句」云：「中庸之義，自朱子之時，已病乎程門諸子，背其師說，而淫於佛老。蓋此書之旨，言性言無言隱，皆上達之蘊奧，學者非躬行而心得之，則固不知其指歸之所在。而佛老之誣性命以惑人者，亦易託焉。朱子章句之作，一出於心得，而深切著明，俾異端之徒，無可假借，爲至嚴矣。…數傳之後，愈徇跡而忘眞，於是朱門之餘裔，或以鉤考文句，分支配擬，爲窮經之能，僅資場屋謝覆之用，而無與於躬行心得之毫末，其偏者則抑以臆測度，趨入荒杳，墮二氏之郛廓，而不自知。…降及正嘉之際，姚江王氏始出焉。則以其所得於佛老者，殆攀是篇，以爲證據。其爲妄也。旣莫之窮詰，而其失之皎然易見者，則但取經中片句隻字，與彼相似者，以爲文過之媒。至於全書之義，詳略相因，巨繁畢舉，一以貫之，而爲天德王道之全者，則茫然置之而不恤。迨其徒二王錢羅之流，恬不知恥，而人心之壞，世道之否，莫不由此矣。」故唐鑑「清學案小識」稱先生云：「其爲學也，由關而洛而閩，力詆殊途，歸宿正軌。」「思問錄」內外篇，著作年代不詳，其內容有類「張子正蒙注」，故「潘傳」云：「作『正蒙釋義』，又作『思問錄』內外篇互相發明，以闡天人性命之旨，別理學眞僞之微。」

自潛修以來，啓甓牖，秉孤鐙，讀十三經二十一史，及張朱遺書，玩索研究，雖飢寒交迫，生死當前而不變。迄於暮年，體羸多病，腕不勝硯，指不勝筆，猶時置楮墨於臥榻之旁，力疾而纂註。「潘傳」：「最後歸游石船山，…築土室名曰觀生居，晨夕著書，蕭然自得。」卽言王氏潛修讀書事。王夫之「柳岸吟旅警」之四亦云：「閉戶讀殘書，居然有戶牖。出門對群動，未必免濡首。無曰無知音，日月皆針灸。徹骨療沈疴，焉得辭老醜。」「柳岸吟」一集，周調陽以爲作於一六六九年至七八年間，此正係王氏發奮著書時。

顏於堂曰：「六經責我開生面，七尺從天乞活埋。」

王夫之詞「鷓鴣天」後自註云：「觀生居舊題壁云：六經責我開生面，七尺從天乞活埋。」

於四書及易、詩、書、春秋各有稗疏，悉考訂草木、魚蟲、山川、器服、以及制度同異，字句參差，爲前賢所疏略者。蓋府君自少喜從人間問四方事，至於江山險要，士馬食貨，典制沿革，皆極意研究。讀史，讀註疏，于書、志、年表，考駁同異，人之所忽，必詳愼搜閱之，而更以聞見證之。以是參駁古今，共成若干卷。

王氏所著稗疏，有「四書稗疏」一卷（「鄧目」、舊刻本作二卷、金陵刻本、排印本、「周略」作一卷）、「周易稗疏」四卷（舊刻本作三卷、王刻本、「鄧目」作二卷、金陵刻本、排印本、四庫本、「周略」作四卷）、「詩經稗疏」四卷（舊刻本作二卷、「鄧目」、王刻本作王卷，金陵刻本、四庫本、排印本，「周略」皆作四卷）、「書經稗疏」四卷，「春秋稗疏」二卷。「四庫全書總目」評「周易稗疏」云：「是編乃其讀易之時，隨筆劄記。…遇有疑義，乃爲考辨。…於先天諸圖緯書雜說，皆排之甚力，亦不空談元妙。…故言必徵實，義必切理，於近時說易之家，爲最有根據。」「詩經稗疏」，「四庫全書簡明目錄提要」評云：「詩經稗疏四卷，國朝王夫之撰，皆考證名物訓詁，以補先儒之所遺。率參驗舊文，抒所獨得，雖間傷偏駁，而可據者多。」「書經稗疏」，「四庫全書簡明目錄提要」亦評云：「其詮釋名物，多出新意，雖醇駁相半，而紕繆者極紕繆，精核者極精核，不以瑕掩瑜也。」「春秋稗疏」，「四庫全書總目」云：「是編論春秋書法及儀象典制之類，僅十之一，而考證地理者，居十之九。…於近代說經之家，尙頗有根柢。」

至於敷宣精義，羽翼微言，四書則有讀大全說，詳解授義。

「讀大全說」卽「讀四書大全說」。書共十卷。「周略」推定爲一六六五年作。

周易則有內傳、外傳、大象解。

「周易內傳」，共六卷（「鄧目」、王刻本作十二卷，金陵刻本、排印本、「周略」作六卷）。書作於一六八五年。其「發例跋」云：「歲在己丑，從遊諸子，求爲解脫，形枯氣索，暢論爲難。於是乃于病中勉爲作傳，此書多及天人之理。」故王氏又云：「此篇之作，間有與外傳不同者，外傳以推廣于象數之變通，極酬酢之大用，而此篇守象爻立誠之辭，以體天人之理，故不容有毫厘之踰越。」

「周易外傳」，共七卷。始作于一六五五年。此書爲王氏哲學方面之重要著作。故「張譜」云：「凡先生之哲學思想，具可于此窺其大略。」「周易大象解」一卷。始作于一六七六。序云：「大象之與象爻，自別爲一義，取大象以釋象爻，必齟齬不合，而強欲合之，此易學之所由晦也。易以筮而學存焉，唯大象則純乎學易之理。」

詩則有廣傳。

「詩廣傳」，共五卷。王孝魚定爲一六七一與七二年間完成，並介紹此書之內容云：「詩廣傳是王船山讀詩經時寫下來的一些雜感性文字。他從個人的哲學、歷史、政治、倫理和文學的觀點出發，對詩經各篇加以引申發揮，所以叫做廣傳。全書共分五卷。…共有二百三十七篇大大小小的文章。」（見北京中華版「詩廣傳」）。

尚書則有引義。

「尚書引義」，共六卷。首二卷論虞夏書，三卷論商書，末三卷論周書。共四十九篇。皆王夫之就尚書之義以抒其哲學、政治之見解。著作年代不詳。唯「讀四書大全說」卷一云：「愚於周易，尚書傳義中說生初有天命，向後日皆有天命。…今讀朱子無時而不發現於日用之間，幸先得我心之所然。」知此書當作於「大全說」前。「張譜」又以此書所論，較「外傳」詳，「外傳」未明之義，此書俱加發揮，是以引義成書當在外傳之後。不失爲一見，可參考。

春秋則有世論、家說。

「春秋世論」，共五卷（舊刻本作二卷）。「張譜」以此書作於王氏五十歲前後。「春秋家說」，共三卷（「鄧目」、王刻本作七卷），依舊自序，始作於一六四六年，乃王氏奉父命作，時先生年二十八，歷廿二載而成，時年戊申（一六六八）、先生年五十。

左傳則有續博議。

書原名應爲「續春秋左氏傳博議」。共二卷。

禮記則謂陳氏之書，應科舉者也。更爲章句，其中大學、中庸，則仍朱子章句而衍之。

「禮記章句」，共四十九卷。一六七五年，王氏嘗將此書授其門下章有謨、唐端笏。唯據王氏詩「新秋望章載謀」中「周秦焚後字」句後，王氏自註云：「時禮注方竟。」此詩作於丁巳（公元一六七七年）。知此書完成，乃在此時，於年前所授章、唐二位者，乃非全本。「禮記章句」「中庸篇」篇首，王氏云：「中庸大學，自程子擇之禮記之中，以爲聖學傳心入德之要典，迄於今，學宮之教，取士之科，與言道者之所宗。雖有曲學邪說，莫能違也。…朱子章句之作，一出于心得，而深切著明，俾異端之徒，無可假借，爲至嚴矣。…故僭承朱子之亞宗而爲之衍，以附章句之下，庶讀者知聖經之作。」

末年作讀鑑通論三十卷、宋論十五卷，以上下古今興亡得失之故，制作輕重之原。

王之春「船山公學譜」據王氏一六八七年所作詩句「雲中讀史千秋淚」與「韻華讀史過」有讀史字樣，遂定「讀通鑑論」與「宋論」亦作於同年。周調陽反對此說，以其所見抄本「宋論」，末頁有「辛未孟夏成」字樣，故二書當作於此時。周說與王敔所稱末年作合。辛未年即一六九一年，時王氏年七十三。「張譜」：「…『讀通鑑論』…上起秦始皇，下終於五代；『宋論』則賡續而作也。是二書皆『以上下古今得失之故，制作輕重之原。』與『春秋家論』、『世論』、『續春秋左氏傳博議』、『黃書』、『噩夢』等合而觀之，可以具見先生政治思想，非徒論史也。」

諸種卷帙繁重，一一皆楷書手錄，貧無書籍紙筆，多假之故人門生。書成，因以授之，其藏於家與子孫者，無幾焉。

鄧之誠「清詩紀事初編」：「夫之避地往來，或入深山，或居傜洞，筆札取給于門人故舊，所纂皆蠅頭細書，首尾不懈。書成，即擧以贈之。鄉人皆知寶貴，故經數百年歷禁忌而其稿尙存。」

然此並非言藏於家與子孫者無幾。王敔對王氏作品之保存與愛護，極具心思。所作「湘西草堂記」曾云：「先子奄背，敔謹固遺書于屋右間，而火災蟻蝕之害，其震驚怵惕者不一次也。因聚徒課業于其中。敔年六十，從遊者數十人，醵金爲余壽。余受其金，授子婿曾生重逢草堂，易瓦以葺，支椽以櫨，煉磚以砌。敔年老病羸，以餘年讀遺書其中，而從游之有志迄姻友之有力者，續捐貲刋先子遺書數種，藏板于右閣。」據鄒漢勛「致鄧湘臯學博書」，王敔刋行王夫之之作品有十餘種。唯其時文網嚴密，依陳乃乾「禁書總錄」，王氏之著作如「五十自定稿」，「六十自定稿」，「夕堂永日緒論」等，皆屬遭禁之列。由此推知王敔所存文稿實不止刋行之十餘種，「藏於家與子孫者無幾」之言，實有其苦衷。

又以文章之變化，莫妙於南華；詞賦之源流，莫高於屈宋。南華去其外篇、雜篇，訶斥聖門之僞妄；屈子以哀怨沉湘，抱古今忠貞之慟。其隱情莫有傳者，因俱爲之註。名曰：莊子注、楚辭通釋。

王氏註解莊子之作品，並無以莊子注名書者。稱莊子注，實爲「莊子解」。「潘傳」：「（先生）以文草莫妙於南華，詞賦莫高於屈宋，故於莊騷尤流連往復，作莊子解、莊子通，楚辭通釋。」「莊子通」，一卷。依序，乃作於一六七九年。「莊子解」，共三十三卷。著作年月不詳。王氏晚年研莊，並常與諸子論莊，是書亦當係晚年作。「楚辭通釋」，書序後王氏有註：「歲在乙丑秋社日，南嶽王夫之釋。」知此書成於一六八五年，時王氏年六十七。

又謂張子之學，切實高明。

王氏於「張子正蒙注」「序論」云：「張子之學，上承孔孟之志，下救來茲之失，如皎日麗天，無幽不燭，聖人復起，未有能易焉者也。」又云：「張子言無非易，立天立地立人，反經研幾，精義存神，以綱維三才，貞生而安死，則徒聖之傳，非張子其孰與歸。」此言張子之學切實高明也。故王氏於張子，推崇不已，自作墓銘，亦有「希張橫渠之正學而力不能企」之歎。是以「鄧目」云：「（先生）論學，以漢儒爲門戶，以宋五子爲堂奧，而原本淵源，尤在『正蒙』一書。」

正蒙一書，人莫能讀，因詳釋其義。與思問錄內外篇互相發明。

「人莫能讀，因詳釋其義」或爲王氏註「正蒙」原因之一，但其主要目的，乃欲振興張學，並藉此以正童蒙之志。此書王氏序論云：「學之興於宋也，周子得二程子而道著。程子之道廣，而一時之英才輻輳於門。張子斅學於關中，其門人未有殆庶者。而當時鉅公耆儒如富、文、司馬諸公，張子皆以素位而未由相爲羽翼，是以其道之行，曾不得與邵康節之數學相與頡頏，而世之信從者寡，故道之誠然者不著。貞邪相競而互爲畸勝，是以不百年而陸子靜之異說興。又二百年而王伯安之邪說熺，其以朱子格物、道問學之敎爭貞勝者，猶水之勝水，一盈一虛而莫適有定。使張子之學曉然大明，以正童蒙之志於始，則浮屠生死之狂惑，不折而自摧，陸子靜、王伯安之蕞然者，亦惡能傲君子以所獨知，而爲浮屠作率獸食人之倀乎？」又云：「嗚呼！孟子之功不在禹下，張子之功，又豈非疏澤水之歧流，引萬流而歸墟，使人去昏墊而履平康之道哉！…養蒙以是爲聖功之所自定，而邪說之淫蠱不近以亂之矣。故曰正蒙也。」是書共九卷。

「張譜」以此書作於「讀四書大全說」與「禮記章句」後。

此府君自辛卯迄辛未四十年，賫志不隳，用力不懈。嘗自署其槧，以爲吾生有事者也。

辛卯年卽明永曆五年、清順治八年，公元一六五一年，時先生三十三歲，開始隨地託迹，講學著書。辛未爲清康熙三十年，公元一六九一年，時先生七十三歲。自一六五一年至一六九一年，埋首著書、恰四十年。

其他則淮南子有旁注。

書名爲「淮南子注」。「鄧目」有載，唯無卷數，注明未見。嘉慶與同治「衡陽縣志」，嘉慶與光緒「湖南通志」並皆有目無卷數。唯「張譜」依王之春「學譜」註未刻。劉審吾「衡陽劉氏珍藏船山遺稿記」曾言其家嘗藏此書抄本。此書是否已佚，不能得知。

呂覽有釋。

書名爲「呂覽釋」。「鄧目」有載，唯無卷數，註明未見。「衡陽縣志」與「湖南通志」亦皆有目無卷數。「張譜」依王夫之春註佚。劉審吾言其家嘗藏其書抄本。今存之「船山遺書」均無此作，是否已佚，不能得知。

劉復愚有評。

書名爲「劉復愚集評」。「鄧目」無錄，「張譜」依王之春註未刻。

李杜詩有評，

書名作「李詩評」、「杜詩評」。見「周略」。

近思錄有釋。

書名爲「近思錄釋」。「鄧目」有書名無卷數，同治「衡陽縣志」、光緒「湖南通志」同。「張譜」依王之春註佚。劉審吾言其家曾藏此書抄本。眞況如何，亦不能知。

皆發從來所未及，而衷訂其旨。維時長嘯一室，作祓禊賦曰：「謂今日兮令辰，翔芳皋兮蘭津。羌有事兮江干，疇憑茲兮不歡。思芳春兮迢遙，誰與娛兮今朝。意不屬兮情不生，予躊躇兮倚空山而蕭清。闃山中兮無人，蹇誰將兮望春。」

「潘傳」：「戊午春，吳逆僭號於衡陽，僞僚有以勸進表屬先生者。先生曰：『某本亡國遺臣，扶傾無力，抱憾天壤。國破以來，苟且食息偸活人間，不祥極矣。今汝亦安用此不祥之人爲？』遂逃之深山，作『祓禊賦』。」戊午卽康熙十七年，公元一六七八年，時先生六十歲。

「祓禊賦」見「薑齋文集」。有以王敔所錄爲此賦全文者，如席魯思云：「『祓禊賦』雖以賦名，實則騷體，宛然九歌的風格，本是短章。」亦有人反對此說，如周調陽是。

又山樓雨詩曰：「江城二月催寒雨，山客三更夢嶺雲。靑鏡分明知鶴髮，寶刀疇昔偃龍文。援毫猶記趨南史，誓墓還誰起右軍。飛鳥雲邊隨去住，清猿無事憶離群。」

詩題原名「小樓雨枕」。見「七十自定稿」。寫作年月與「祓禊賦」同。「偃」字詩文集作

「揜」。

時值華亭章司馬次子有謨南遊阻道，府君延入，書共食蕨，夜共然藜。以所注禮記授之，夜談至雞鳴爲常。遊兵之爲盜者竊聽而異之，相戒無犯焉。

章司馬，卽章曠，傳見「明史」。

七十三，久病喘嗽，而吟誦不輟。次年元旦，尙衣冠謁家廟。二日清晨，起坐不懌，指先祖徵君行狀墓銘付長孫生若，曰：「汝愼藏之。」謂敔曰：「勿爲吾立私謚也。」良久，命整衾。時方辰，遂就簀正衾，甫畢而逝，享壽七十有四。

「節錄」：「夫之先娶陶氏處士萬梧女，生子二，長勿藥，夭；次攽。繼娶鄭氏襄陽吏部尙書繼之孫文學儀珂女。生子一，敔。側女室一，適文學李報瓊子嚮明。…攽娶劉氏文學劉近魯女，生子五，若、茲、蒼、蘧、萬。女二。長適兵部尙書劉堯誨嗣孫克謹子法忠，次適文學熊榮祀子時幹。敔娶湘鄉學人劉家賢女，生子一，范，女二，長許字邵陽文學羅珪子智大，次未字。」王氏長子勿藥早夭無子。故攽長子生若遂爲王氏長孫。　王氏卒於清康熙卅一年壬申正月初二，卽公元一七九二年。享年七十四。後之學者對王氏之治學爲人均表推崇。「潘傳」云：「明之支藩，播遷海噬，先生非不知其無能爲也，猶間關跋涉，發讜論，攻憸邪，終喚不用，隱而著書，其志有足悲者。」劉獻庭「廣陽雜記」云：「洞庭之南，天地元氣，聖賢學脈，僅此一綫。」「鄧目」：「當是時，海內儒碩，北有容城，西有盩屋，東南則崑山、餘姚，而亭林先生爲之魁。先生刻苦似二曲，貞晦過夏峰，多聞博學，志節皎然，不愧黃、顧兩君子。顧諸君子肥遯自甘，聲望益炳，羔幣充庭，干旄在野，雖隱逸之薦，鴻博之徵，皆以死拒，而公卿交口，天子動容，其書易行。」唐鑑「清學案小識」：「先生理究天人，事通今古，探道德性命之原，明得喪興亡之故，流連顛沛而不違其仁，險阻艱難而不失其正。窮居四十餘年，身足以礪金石，著書三百餘卷，信足以名山川，遯迹自甘，立心恒苦，寄懷瀰遠，見性愈眞。奸邪莫之能攖，渠逆莫之能懾，嶔崎莫之能躓，空乏莫之能窮。先生之道，可以奮乎百世矣。」王氏所著，據太平洋書店本「船山遺書」所輯，凡七十種，共三百五十八卷。其中經部二十二種一百五十五卷；史部四種七十七卷；子部五十四種五十四卷；集部三十種七十二卷。

遺命禁用僧道，

王氏以儒者自居，復聖道自命，對僧道則加排斥。有戒子孫十二條，其十二云：「勿以子女繼異姓及爲僧道。」

自題遺像曰：「把鏡看相認不來，問人云此是薑齋。毫於朽後隨人去，夢未圓時莫浪猜。誰筆仗，此形骸。閒愁輸汝兩眉開。鉛華未落君還在，我自從天乞活埋。」詞題又名「鷓鴣天」，收於「鼓棹初集」中。有「小序」如下：「劉思肯畫史爲余寫小像，雖不盡肖，聊爲題之。」其後自注曰：「觀生居舊題壁云：六經責我開生面，七尺從天乞活埋。」

其銘末句云：「幸全歸於茲邱，固銜恤以永世。」

王氏「自題墓石」云：「有明遺臣行人王夫之，字而農，葬於此。其左則其繼配襄陽鄭氏之所祔也。自爲銘曰：『抱劉越石之孤憤，而命無從致；希張橫渠之正學，而力不能企。幸全歸于茲丘，固銜恤以永世。』其後更有附言云：「墓石可不作，徇汝兄弟爲之。止此不可增損一字。行狀原爲請誌銘而作，既有銘不可贅。若汝兄弟能老而好學，可不以譽我者毀我。數十年後，略記以示後人耳，勿庸問世也。背此者自昧其心。」

府君之逝，今十有四年。

由此知王敔「行述」作於康熙十五年，公元一七〇六年。

値聖朝之寬大，蒙太史之採風。不孝敔伊蔚虛生，采薇不似，於志夐不可企，於學茫無所窺。哀述梗概，稍次本末，仰乞大君子於俗論之不亟取者而取之，於人間之不欲傳者而傳之，曷勝匍匐哀慄以待。

男敔述。

「鄧目」：「（先生）沒後，遺書散佚，其子敔始爲之收輯推闡，上之督學宜興潘先生，因緣得上史館，立傳儒林。」此卽王敔所言「値聖朝之寬大，蒙太史之採風」耳。

依「家世節錄」，王氏有子四：勿藥、攽、勿幕、敔。勿藥早夭，勿幕長於王敔而不見於王氏所寫「行狀」，或亦早夭。故「潘傳」云：「先生子二人，曰攽、曰敔。」攽、敔二人，以王敔最能秉承其父，而王氏之著作亦賴彼而得保存。故余廷燦「船山先生傳」云：「敔字虎止，能紹其家學者。」李元度「先生事略」亦讚云：「操履高潔，博學有文名。」

【附註】

註　一：文見金陵刻本、太平洋書店排印本「船山遺書」。本文乃據排印本。王夫之著作，始刊於王敔及門人姻友之有力者。此爲初刻本。道光初，先生六世孫承佺始更全面搜集其遺書藏於家，七世孫世全，於道光庚子始刻於湘潭，以校讎之役屬新化鄒漢勛，共刻「周易內傳」等十八種，是爲湘潭王氏守遺經書屋本「船山遺書」（下省稱：舊刻本）。咸豐初，板燬於兵。曾國藩與弟國基重刻於金陵，此卽曾刻本「船山遺書」（或稱金陵刻本）。自光緒十九年迄民國六年，瀏陽劉人熙于金陵刻本外，獲得多種先生遺稿，隨得隨刻于長沙，此卽補刻本。一九三三年上海太平洋書店得湘省政府之資助，據王氏守遺經書屋刊本，金陵刻本，補刻本，以及長沙、湘潭、衡陽坊間各散刻本，並先生之手稿，參訂綜合，排印爲「船山遺書」，此卽排印本，亦係各本之較完整者。

註　二：見「自題墓石」。「薑齋文集」補遺。「王船山詩文集」頁一一六。北京中華書局。

註　三：名見「夕堂永日緒論」，「南窗銘」。案「呂氏春秋」「明理」：「是正坐於夕室也。其所謂正，乃不正矣。」註：「言其室邪夕不正。」室猶堂也。「急就篇」：「室宅廬舍樓殿堂。」顏注：「凡正室之有基者，則謂之堂。」「老子」：「金玉滿室。」一本作堂。

註　四：名見「讀甘蔗生遺興詩次韻而知之」。「論語」「雍也」：「子曰：賢哉回也。一簞食，一瓢飲。在陋巷，人不堪其憂，回也不改其樂。賢哉回也。」

註　五：名見「孝烈傳」。王夫之匿居處在雙髻峰，故有此名。見「戊戌獄後辱戴晉元見訪今來復連榻旃檀口占五古一首」。

註　六：名見「書經稗疏」、「詩經稗疏」、「春秋稗疏」、「春秋家說」等書抄本。「孟子」「離婁」：「楚之檮杌。」注：「檮杌者，頑凶之類，興於記惡之戒，因以爲名。」檮杌本爲鯀名。「左傳」文十八年：「顓頊有不才之子，…天下之民，謂之檮杌。」注「謂鯀。檮杌，頑凶無儔匹之貌。」

註　七：「壺」見「薑齋文集」、「硯銘」；「壺子」則見「躬園說」。壺卽瓠也、瓢也。詩「豳風」「七月」：「八月斷壺。」「傳」：「壺、瓠也。」「楚辭」「招魂」：「元蠭若壺。」注：「壺、乾瓠也。」瓠卽瓢。「廣韻」：「瓢、瓠也。」

註　八：「易」「觀卦」：「觀我生，君子無咎。」「象辭」：「觀我生，觀民也。」北齊顏之推有「觀我生賦」。見嚴可可均「全上古三代秦漢魏晉南北朝文」。王夫之「薑齋文集」，有「觀生居銘」。

註　九：見「石崖先生傳略」。「薑齋文集」卷二。

附錄二

王夫之著述書目

一、經部　二十七種

㈠已刻印者二十二種

「周易內傳」六卷

「周易內傳發例」一卷

「周易大象解」一卷

「周易稗疏」四卷

「周易考異」一卷

「周易外傳」七卷

「書經稗疏」四卷

「尙書引義」六卷

「詩經稗疏」四卷

「詩經考異」一卷

「詩經押韻辨」一卷

「詩廣傳」五卷

「禮記章句」四十九卷

「春秋稗疏」二卷

「春秋家說」三卷

「春秋世論」五卷

「續春秋左氏傳博議」二卷

「四書訓義」二十八卷

「四書稗疏」一卷

「四書考異」一卷

「讀四書大全說」十卷

「說文廣義」三卷

(二)未見者五種

「尚書考異」一卷

「禮記考異」

「四書箋解」十一卷

「四書集成批解」

「四書詳解」

二、史部　六種

㈠已刻印者五種

「讀通鑑論」三十卷

「宋論」十五卷

「永曆實錄」二十六卷

「家世節錄」一卷

「蓮峰志」五卷

㈡未見者一種

「籜史」一卷

三、子部　二十種

㈠已刻者十四種

「張子正蒙注」九卷

「近思錄釋」

「思問錄內篇」一卷

「思問錄外篇」一卷
「俟解」一卷
「噩夢」一卷
「黃書」一卷
「搔首問」一卷
「龍源夜話」一卷
「老子衍」一卷
「莊子解」三十三卷
「莊子通」一卷
「愚鼓詞」一卷
「相宗絡索」一卷

(二)未見者六種
「南窗外記」一卷
「呂覽釋」
「淮南子注」
「識小錄」

「蓮花山人餘論」

「三藏法師規矩論贊」

四、集部　四十二種

㈠已刻印者三十六種

「楚辭通釋」十四卷附一卷

「薑齋文集」十卷

「薑齋文集補遺」二卷

「惜余鬒賦」一卷

「船山經義」一卷

「船山制義」一卷

「漧濤園集」

「買薇稿」

「五十自定稿」一卷

「六十自定稿」一卷

「七十自定稿」一卷

「薑齋詩分體稿」四卷

「薑齋詩編年稿」一卷
「薑齋詩賸稿」一卷
「柳岸吟」一卷
「落花詩」一卷
「悲憤詩」一卷
「遣興詩」一卷
「和梅花百詠詩」一卷
「洞庭秋」一卷
「雁字詩」一卷
「仿體詩」一卷
「嶽餘詩」一卷
「憶得」一卷
「船山鼓棹初集」一卷
「船山鼓棹二集」一卷
「瀟湘怨詞」一卷
「詩繹」一卷

「夕堂永日緒論內編」一卷

「夕堂永日緒論外編」一卷

「南窗漫記」一卷

「龍舟會雜劇」一卷

「夕堂永日八代詩選評」六卷（或作「古詩評選」六卷）

「夕堂永日四唐詩選評」七卷（或作「唐詩評選」四卷）

「夕堂永日明詩選評」七卷（或作「明詩評選」八卷）

㈡未見者六種

「夕堂永日八代文選評」

「夕堂永日宋詩選評」

「李詩評」

「杜詩評」

「劉復愚集評」

「詞選」一卷

王夫之詩選體制分類統計

體制 ＼ 篇數 ＼ 詩選作品	古詩評選	唐詩評選	明詩評選	總計
樂府歌行	一六一	七五	一五五	三九一
四言	一一一	—	一七	一二八
小詩	七八	—	—	七八
五古	三八〇	一〇七	二二八	七一五
五言近體	九一	—	—	九一
五律	—	一八四	二五七	四四一
五絕	—	—	六三	六三
七律	—	一九三	一七九	三七二
七絕	—	—	二一三	二一三
總計	八二一	五五九	一一一二	二四九二

後記

本書原是我在一九七〇年呈交香港大學的碩士學位論文。由於要出版成書，曾加以增刪修改。十多年前在香港大學中文系進修的那段日子，是一段難忘的經歷。導師黃兆傑先生的悉心指導，彼此爲論文中的一些意見熱烈討論的情況，猶歷歷如在眼前。王夫之詩論的研究奠立了我喜愛中國文學批評的基礎，之後博士學位論文從事明末清初詩論的探討，以及十多年來一直繼續探索明清詩論的問題，都是由此起步。

由文史哲出版社出版本書，也有一段經歷。一九七二年到台北搜集博士學位論文的資料，得識出版社的彭正雄先生。當時他力邀我把這部碩士學位論文給他出版，但我一直沒加以整理。一九八五年出席在台北舉辦的第一屆中國古典文學研討會，和他再見面時，重提論文的出版事，回返新加坡後才迅加整理，交給他出版，以誌十多年前定交的情誼。